Q&A 財産分与と離婚時年金分割の法律実務

離婚相談の初動対応から裁判手続まで

弁護士 小島妙子 [著]

発行 民事法研究会

は し が き

　財産分与制度は、離婚時に婚姻中に形成された財産を清算する制度であり、あわせて、離婚後経済力の弱い方の当事者と子どもの生活保障の機能を有する制度です。

　財産分与制度は、従来その運用が裁判官の幅広い裁量に委ねられてきましたが、近時、民法改正要綱（1996（平成8）年）によって提案された、いわゆる「2分の1ルール」が清算割合として実務上定着する中で、「清算的財産分与」について判断基準を明確化し、予測可能性を高める努力が積み重ねられてきました。

　本書では、家裁実務における財産分与算定の際の判断枠組みや基準について解説しています。また、近時、大手・中堅企業で退職金制度として採用されている企業年金制度について、そのしくみや企業年金を財産分与の対象財産とする際の留意点および住宅ローン（負債）付居住用不動産の取扱いなど、財産分与の金額・方法を左右する問題について詳述しています（第3章）。

　離婚時年金分割制度は、年金が離婚後も、夫婦それぞれの老後の生活を支えることができるように導入された制度です。財産分与と離婚時年金分割はまったく異なる法制度ですが、離婚後の当事者の生活保障の機能を有するという点では共通する制度といえましょう。

　分割後の増加額が、婚姻期間の長い夫婦の離婚では年額で数十万円になる場合があり、年金受給権の帰趨は老後の生活水準を左右する重要な問題となっています。弁護士の対応が遅れ、改定請求期限を徒過して弁護士賠償責任保険が適用される事案が多数報告されるなど、制度の理解はいまだ十分なものとはいえません。

　本書では、離婚時年金分割制度の基本的しくみや実務上の留意点、あわせて遺族年金制度についても解説しました（第4章）。

　離婚相談において初動の対応がその後の結果を左右します。相談を受ける

はしがき

際の留意点について、「離婚を請求する側」「離婚を請求される側」および男女の性別に応じて解説しました（第1章）。

　手続に精通することが当事者の選択肢を拡げます。家事事件手続法（2013（平成25）年施行）により、家事審判・家事調停手続に電話会議・テレビ会議システムが導入され、さらに「調停に代わる審判」手続の運用が変化し、旧家事審判法の頃とは離婚調停は様変わりしています。離婚調停手続の変容について述べました。

　なお、しくみや実務上の留意点とは別に、財産分与や離婚時年金分割の相談を受けた際の不可欠かつ重要なポイントについては、章を設けて解説しています（第2章）。

　私は、2016年に開催された日本弁護士連合会主催「夏期研修」において、「財産分与と離婚時年金分割」について講演させていただきました。講演の機会を与えていただいた中部弁護士会連合会研修委員会委員長山田尚武先生、同幹事乾とも先生に感謝します。

　民事法研究会の近藤草子さんは、本書の出版を強く勧めてくださり、励まし続けてくださいました。ありがとうございました。

　私の所属する法律事務所の弁護士・職員の各氏（内藤千香子弁護士、井野場晴子弁護士、保科さおり氏、鈴木莉万氏）には、原稿の作成や資料収集など多大な貢献をいただきました。深く感謝します。

　本書が離婚に直面し不安を抱えている人々や相談に携わる人々に役立つことを心から願っています。

2018年3月

　　　　　　　　　　　　　　　　　　　　　　　弁護士　小島　妙子

Q&A 財産分与と離婚時年金分割の法律実務

目　次

第1章 ｜ 離婚事件の進め方

1　「初動」が重要 ……………………………………………………… 1
2　妻側から、「離婚したい」と相談される場合 ……………………… 3
　⑴　相談者は離婚のプロセスの中のどこにいるのか ……………… 3
　　㋐　別居中 …………………………………………………………… 3
　　　(ⅰ)　別居して日が浅く、別居生活が安定していない場合〜安全確保と生活の目処を立てる ……………………………………… 4
　　　(ⅱ)　別居して半年以上が過ぎ、別居生活が安定している場合 ……… 4
　　　　Ⓐ　解決までの見通し・目処を立てる──どの段階でどのような手続を利用するのか ……………………………………… 4
　　　　Ⓑ　弁護士が受任したほうがよいケース ……………………… 5
　　　【文例1】受任通知 ………………………………………………… 5
　　　　Ⓒ　離婚調停手続の変貌 ………………………………………… 6
　　　　Ⓓ　弁護士費用 …………………………………………………… 9
　　㋑　同居中 …………………………………………………………… 9
　　　(ⅰ)　同居中だが、離婚の意思が固く、どうやって離婚したらよいのかわからないという場合 ……………………………… 9
　　　　Ⓐ　別居前に準備しておくこと ………………………………… 9
　　　　Ⓑ　弁護士介入のタイミング ………………………………… 10
　　　(ⅱ)　同居中であり、離婚したいと思っているが、子の親権者になれるのか、離婚後の生活が不安だという場合 ……………… 11
　⑵　ヨリを戻す依頼者〜「感情（管理）労働」 …………………… 12
　⑶　弁護士業務妨害 ………………………………………………… 12

目次

3 妻側から、「離婚を請求されている」と相談される場合 …… 14
- (1) 別居中 …… 14
  - (ア) 妻が「離婚したくない」場合 …… 15
    - (i) 絶対に離婚したくない場合 …… 15
    - (ii) 「今は離婚したくない」「理不尽な要求には応じられない」 …… 16
  - (イ) 妻も「離婚はやむを得ない」と思っている場合 …… 16
- (2) 同居中 …… 17
- (3) 不受理申出制度 …… 17

4 夫側から、「離婚したい」と相談される場合 …… 19
- (1) 別居中 …… 19
  - (ア) 別居直後 …… 19
  - (イ) 別居後、半年以上経過している場合 …… 20
  - (ウ) 弁護士費用 …… 20
- (2) 同居中 …… 21

5 夫側から、「離婚請求されている」と相談される場合 …… 21
- (1) 別居中 …… 21
  - (ア) 妻との関係を修復したい場合 …… 22
  - (イ) 妻との修復が難しい場合 …… 23
- (2) 同居中 …… 24

6 DV、ストーカー行為がある場合 …… 24
- (1) 加害者／被害者の「関係性」 …… 24
- (2) 「危険度」に応じた支援と手続の選択 …… 25

7 離婚の方法〜離婚の手続 …… 27
- (1) 協議離婚 …… 27
- (2) 調停離婚 …… 28
- (3) 審判離婚 …… 29
- (4) 裁判（判決）離婚 …… 30
- (5) 和解離婚 …… 31

(6) 認諾離婚 ………………………………………………………… 31

第2章 │ 財産分与・年金分割の相談と受任の要点

Q1　◎対象財産の把握は当事者の責任
　　　財産分与の額をアップするにはどうしたらよいのでしょうか。
　　　……………………………………………………………………… 32

Q2　◎離婚時年金分割制度の活用
　　　老齢期の妻から、「財産分与の対象財産は、夫が住んでいる家しかありません。財産分与を確保しないと老後の生活が不安です。早急に離婚し、新しい生活をスタートさせたいのですが」と相談された場合、どのように対応したらよいでしょうか。 …………… 34

Q3　◎金額のアップ vs 解決のスピード
　　　別居後に、自らが事業主となって開業資金として数千万円を借り入れている妻から、財産分与請求事件を依頼された場合にどのような点に注意したらよいでしょうか。 ………………………… 36

Q4　◎感情（管理）労働
　　　有責配偶者から離婚請求を受けた事案で、相手（夫）から相当額の財産分与の提案をされています。別居が長期に及んでおり、離婚が認められそうなのですが、本人（妻）は「離婚したくない」と言っている場合、どうしたらよいのでしょうか。 ………………… 38

Q5　◎メンタル不全への対応
　　　当事者が「死にたい」「不安でたまらない」などと訴えたり、表情が暗く、法的説明をしても頭に入らない様子なのですが、弁護士としてどのように対応したらよいでしょうか。 ………………… 40

Q6　◎一括解決の重要性と時効・相手の死亡
　　　「離婚だけを先行させて、財産分与と年金分割は後で決めてもよいのでしょうか」と相談された場合の留意点を教えてください。 …… 41

目次

Q7 ◎協議離婚が先行する場合の留意点
　協議離婚した後に、財産分与、年金分割について相談された場合の留意点は何でしょうか。 ……………………………… 43

Q8 ◎協議離婚無効を争う場合の留意点
　協議離婚無効を争っている場合、どのようなことに留意したらよいでしょうか。 ……………………………………………… 44

Q9 ◎電話会議・テレビ会議システムの活用
　単身赴任中の夫に「好きな人ができたので離婚してほしい。財産分与も慰謝料も払うつもりがない」と言われ困惑している妻から相談を受けました。
　妻の代理人として家庭裁判所に離婚調停を申し立てようと考えていますが、遠方の裁判所まで出向くお金も時間もない場合、どのように対応したらよいでしょうか。 ………………………………… 45

第3章 ｜ 財産分与の法と実務

Q1 ◎財産分与とは何か
　財産分与とはどのような制度ですか。 ……………………… 47

Q2 ◎財産分与制度の特徴
　現行の財産分与制度の特徴は何でしょうか。 ……………… 53

Q3 ◎調停・裁判における財産分与の現状
　財産分与の実情はどのようなものですか。 ………………… 55

Q4 ◎財産分与請求手続
　財産分与を請求する手続には、どのようなものがありますか。財産分与義務者からの申立てや予備的申立ては認められますか。 ……………………………………………………………… 58

【書式例1】 予備的反訴状 ……………………………………… 61

Q5　◎財産分与の決定方法
　　　清算的財産分与決定はどのように行うのですか。 ……………… 64
Q6　◎「婚姻関係財産一覧表」（東京家裁方式）による財産分与
　　　算出の基本的考え方
　　　「婚姻関係財産一覧表」（東京家裁方式）による財産分与算出の基
　　本的な考え方とはどのようなものでしょうか。 ……………… 66
　　〈資料①〉　婚姻関係財産一覧表 ……………… 67
Q7　◎財産分与の対象財産の範囲
　　　清算的財産分与の対象財産の範囲はどのように考えたらよいので
　　しょうか。 ……………… 69
Q8　◎財産分与の「基準時」
　　　財産分与の基準時はいつの時点になりますか。 ……………… 70
Q9　◎特有財産
　　　特有財産についての留意点とはどのようなことでしょうか。 …… 73
Q10　◎「子」名義の財産
　　　子名義の預金や学資保険は財産分与の対象になるのでしょうか。
　　　　　　　　　　　　　　　　　　　　　　　　　　　　　　 75
Q11　◎経営会社（法人）の財産
　　　夫婦の一方、または双方が経営する会社（法人）が所有する財産
　　は、財産分与の対象になるのでしょうか。 ……………… 77
Q12　◎退職金・退職年金
　　　将来支払われる見込みがある退職金は、財産分与の対象になるの
　　でしょうか。 ……………… 79
Q13　◎退職金制度の概要
　　　退職金制度には「確定給付タイプ」と「確定拠出タイプ」がある
　　とのことですが、その内容はどのようなものですか。 ……………… 82
Q14　◎退職金額の算定方法
　　　退職金の算定方法はどのように算定するのですか。

目次

　　　　　ポイント方式とはどのようなものですか。
　　　　　確定給付タイプと確定拠出タイプの違いは何ですか。 ……………… 85

Q15　◎退職金積立制度
　　　　　退職金積立制度とはどのようなものですか。 ……………………… 90

Q16　◎企業年金制度
　　　　　企業年金制度とはどのようなものですか。 ……………………… 94

Q17　◎確定給付企業年金
　　　　　確定給付企業年金とはどのような制度でしょうか。財産分与の対
　　　　　象財産とすることができるのでしょうか。その場合の評価額は？
　　　　　……………………………………………………………………… 97

Q18　◎確定拠出年金
　　　　　確定拠出年金（Defined Contribution Plan ＝ DC）とはどのよう
　　　　　な制度でしょうか。財産分与の対象になるのでしょうか。評価額は
　　　　　どうなるのでしょうか。 …………………………………………… 101

Q19　◎ポイント方式による退職金の算定例
　　　　　退職手当の計算方法がポイント方式になっていて、退職一時金部
　　　　　分と退職年金部分が合算されています。財産分与の対象財産とする
　　　　　際の留意点は何でしょうか。 ……………………………………… 107

Q20　◎退職金前払い制度
　　　　　夫の会社で確定拠出年金制度が導入されたと聞いていましたが、
　　　　　このたび離婚をすることになったので退職金額を尋ねると、「前払
　　　　　いを受けているので退職金は出ない」と言われましたが、どのよう
　　　　　な制度でしょうか。 ……………………………………………… 110

Q21　◎医師年金
　　　　　医師年金とはどのような制度ですか。 ……………………………… 111

Q22　◎居住用不動産に関する基本ルール
　　　　　不動産（居住用不動産）がある場合の基本的ルールはどのように
　　　　　なっていますか。 ………………………………………………… 112

目 次

Q23 ◎一方（妻）の実家からの援助がある場合
　　夫婦の預金1000万円と妻の実家からの援助金1500万円、合計2500万円で購入した不動産（家）の時価が1500万円になっている場合の夫婦それぞれの取得金額はいくらになるのでしょうか。 ……… 118

Q24 ◎住宅ローンを返済中の場合
　　結婚後、妻の実家からの援助金300万円を頭金にして、4500万円で購入した土地・建物が、3150万円に値下がりしています。夫名義の住宅ローン残金が550万円（別居時）あります。別居後は夫が家に住み、ローンも夫が支払っています。夫が家を取得する場合、妻に対する代償金はいくらになりますか。 ……… 121

Q25 ◎別居中の住宅ローンの支払い
　　夫名義でマンションを購入し（査定額2200万円）、別居時の住宅ローン残額が600万円であり、別居後、妻のみがマンションに居住し、夫が住宅ローンを支払っている場合、別居中に支払った住宅ローン（清算時までで200万円）は、財産分与にあたりどのように考慮されるのでしょうか。 ……… 125

Q26 ◎不動産を買い換えて頭金とした場合
　　夫が婚姻前に土地建物を購入し、購入資金のうちの4分の3は親からの援助金をあてましたが、残りの4分の1は婚姻後にローンを支払ってきました。旧土地建物を売却して次の土地建物（財産分与対象財産）を購入した場合、双方の寄与度はどうなるのでしょうか。
　　　　　　　　　　　　　　　　　　　　　　　　　　　　　……… 127

Q27 ◎住宅ローンが残っている家に子と住み続けたい場合
　　住宅ローンが残っている夫名義の家に、子と一緒に住み続けたいという妻の希望を実現するにはどうしたらよいのでしょうか。
　　　　　　　　　　　　　　　　　　　　　　　　　　　　　……… 128

Q28 ◎免責的債務引受
　　住宅ローンが残っている家について、妻は「残ローンを支払うの

で自分が取得したい」と希望しています。家を妻に財産分与する場合の債務の処理はどのようにすればよいのでしょうか。......... 130
  【文例２】　合意内容 131

Q29　◎扶養的財産分与
　　長年連れ添った夫から離婚請求された妻の事例です。妻は子が生まれたのを機に仕事を辞め、現在無職です。子たちは自分たちの生活で手いっぱいですし、親に頼るわけにもいかず、離婚後の生活が不安定です。夫婦の間にめぼしい財産はなく、年金分割でもらえる年金はわずかですが、このような場合に財産分与で考慮されるのでしょうか。... 132

Q30　◎過去の婚姻費用
　　過去の婚姻費用の未払い分を財産分与として請求できるのでしょうか。... 135

Q31　◎算定表による金額を上回る婚姻費用の支払い
　　算定表にもとづいて算出した金額を上回る婚姻費用を支払ってきました。財産分与の前渡し金として、払いすぎた婚姻費用を財産分与額から差し引くことはできないのでしょうか。............... 137

Q32　◎夫名義の財産の持ち出し
　　別居直前に、相手（妻）が依頼者の預金口座から300万円を引き下ろして持ち出したことがわかりました。損害賠償を請求できるのでしょうか。... 138

Q33　◎分与対象財産の調査方法
　　財産分与の対象となる財産を把握するため、資料を収集するにはどのような方法がありますか。.......................... 140
  【書式例２】　調査照会申出書 144
  【書式例３】　調査嘱託申立書 145

Q34　◎保全処分
　　相手方が財産を処分するおそれがある場合にはどうしたらよいで

しょうか。 ………………………………………………………… 149
Q35　◎詐害行為
　　　財産分与が取り消されるのはどのような場合ですか。 ……… 152
Q36　◎財産分与に対する課税処分
　　　財産分与をして課税される場合がありますか。 ……………… 154

第4章 ｜ 離婚時年金分割制度の法と実務

Q1　◎年金分割制度の概要
　　　離婚時年金分割制度とはどのような制度ですか。 …………… 156
Q2　◎「合意分割」制度の概要
　　　合意分割制度とはどのような制度ですか。 …………………… 161
Q3　◎年金分割請求の準備
　　　年金分割を請求するには、まず何をすればよいでしょうか。 …… 165
　〈資料②〉　年金分割のための情報通知書①（日本年金機構） ……… 167
　〈資料③〉　年金分割を行った場合の年金見込額のお知らせ ……… 168
Q4　◎合意の方法と公正証書を利用するメリット
　　　年金分割について事実上の合意ができて協議離婚する場合、離婚届を出した後でなければ年金分割の合意はできないのでしょうか。
　　　…………………………………………………………………… 169
　〈資料④〉　年金分割の合意書 ……………………………………… 170
　〈資料⑤〉　離婚時年金分割契約公正証書 ………………………… 171
　〈資料⑥〉　合意分割請求手続〜「年金分割の合意書」
　　　　　　を作成したとき〜 …………………………………… 172
　〈資料⑦〉　委任状（年金分割の合意書請求用） ………………… 173
Q5　◎年金分割の合意ができない場合の手続
　　　年金分割の合意ができない場合、どうしたらよいでしょうか。
　　　…………………………………………………………………… 174

目 次

Q6 ◎改定請求の方法と離婚後2年以内の期限
年金分割の審判・調停により、年金分割の合意ができましたが、年金分割の改定請求は、どこに、いつまでにすればよいのでしょうか。 ……… 175

〈資料⑧〉 合意分割請求の手続～公正証書、調停調書、和解調書、審判書、判決書がある場合～ …… 178

Q7 ◎被用者年金一元化法による変更点
被用者年金一元化法が2015（平成27）年10月1日に施行されましたが、これに伴う離婚時年金分割の変更点はどのようなものですか。 ……… 180

〈資料⑨〉 年金分割のための情報通知書②（公立学校共済組合） … 184

Q8 ◎按分割合に関する裁判例の動向
年金分割の按分割合に関する裁判例の動向はどうなっていますか。 ……… 185

Q9 ◎按分割合0.3の審判例と今後
按分割合を0.3とする審判例があると聞きましたが、どのような事案ですか。 ……… 188

Q10 ◎年金分割をしない旨の合意の有効性
年金分割をしない旨の合意をすることができるでしょうか。 …… 192

Q11 ◎年金分割制度の利用状況と按分割合・変動額
年金分割の利用状況や按分割合の実際はどのようになっていますか。 ……… 194

Q12 ◎年金分割に関する弁護過誤による賠償額
年金分割について、弁護過誤により、弁護士賠償請求保険を利用する例が多発しているとのことですが、どのような事例ですか。賠償額は、いくらくらいになりますか。 ……… 196

Q13 ◎遺族年金
長期間別居していた夫が、がんを患っており、「ステージⅣで余

命数か月の宣告を受けた。離婚してほしいが、年金分割はいやだ！」と言っている相談を受け付けました。年金以外にめぼしい財産はありません。どうしたらよいでしょうか。 ……………… 199

Q14 ◎「3号分割」制度の概要
　　3号分割制度とは、どのような制度ですか。合意分割とどこがどのように違うのでしょうか。 ……………………………… 202

Q15 ◎標準報酬額の読み方
　　妻は、結婚以来、一度も働いたことがなく、夫の扶養家族になっていました。離婚にあたり、「年金分割のための情報通知書」をとってみたところ、対象期間の標準報酬総額が、夫が1億9500万円で、妻は500万円になっていました。間違いがあるのではないでしょうか。 ……………………………………………………………… 205

Q16 ◎3号分割のみの場合の請求方法
　　3号分割のみをするには、どうすればよいのでしょうか。 ……… 206
　〈資料⑩〉　3号分割請求の手続 ………………………………… 207

Q17 ◎2008（平成20）年4月1日以降に婚姻した場合
　　2008（平成20）年4月1日以降に婚姻し、婚姻後は夫の扶養家族（第3号被保険者）になっていました。年金事務所から「情報通知書」を取り寄せたところ、対象期間の標準報酬金額が夫とほぼ同額になっていました。年金分割の請求をする必要があるのでしょうか。 ……………………………………………………………………… 208
　〈資料⑪〉　年金分割のための情報通知書③ ………………… 209

Q18 ◎「合意分割」をする必要がない場合
　　「3号分割」のみで足り、「合意分割」をする必要がない場合とはどのような場合でしょうか。 …………………………………… 210

Q19 ◎合意分割ができる場合に3号分割だけ行うことができるのか
　　2007（平成19）年4月に婚姻しました。婚姻期間中は第3号被保

13

険者でした。相手から年金分割の合意を取り付けるのがわずらわしいので、2008（平成20）年4月1日以降の保険料納付記録の分割だけで構わないのですが、「3号分割」だけを行うことはできるのでしょうか。 211

事項索引 212

著者略歴 215

凡　例／参考文献

【法令】

ストーカー規制法：ストーカー行為等の規制等に関する法律

DV防止法：配偶者からの暴力の防止及び被害者の保護等に関する法律

被用者年金一元化法：被用者年金制度の一元化等を図るための厚生年金保険法等の一部を改正する法律

【文献】

民集：最高裁判所民事判例集

家月：家庭裁判月報

判時：判例時報

判タ：判例タイムズ

ジュリ：ジュリスト

秋武：秋武憲一『新版 離婚調停』（日本加除出版、2013）

秋武＝岡：秋武憲一＝岡健太郎『リーガル・プログレッシブ・シリーズ 離婚調停・離婚訴訟〔改訂版〕』（青林書院、2013）

犬伏：犬伏由子「768条（財産分与）」二宮周平編『新注釈民法(17)親族(1)』（有斐閣、2017）

エートス：弁護士法人エートス『離婚事件 財産分与実務処理マニュアル』（新日本法規出版、2016）

大村：大村敦志『新基本民法7　家族編　女性と子どもの法』（有斐閣、2014）

小島・離婚：小島妙子『Q&A 離婚実務と家事事件手続法』（民事法研究会、2013）

小島・DV：小島妙子『DV・ストーカー対策の法と実務』（民事法研究会、2014）

小島・現代家族：小島妙子＝伊達聡子＝水谷英夫『現代家族の法と実務―多

15

様化する家族像』(日本加除出版、2015)

大門=木納：大門匡=木納敏和「離婚訴訟における財産分与の審理・判断の在り方について(提言)」家庭の法と裁判10号6頁(2017)

東京家事調停協会：東京家事調停協会「ともに経済力ある夫婦の離婚調停」ケース研究323号122頁(2015)

東京家裁審理：東京家庭裁判所家事第6部『東京家庭裁判所における人事訴訟の審理の実情〔第3版〕』(判例タイムズ、2012)

二宮=榊原：二宮周平=榊原富士子『離婚判例ガイド〔第3版〕』(有斐閣、2015)

年金分割：年金分割問題研究会編『離婚時年金分割の考え方と実務〔第2版〕』(民事法研究会、2013)

蓮井：蓮井俊治「財産分与に関する覚書」ケース研究329号104頁(2017)

水谷：水谷英夫『退職金をめぐる法律問題』(日本加除出版、2014)

森=森元：森公任=森元みのり『2分の1ルールだけでは解決できない 財産分与額算定・処理事例集』(新日本法規出版、2017)

山本：山本拓「清算的財産分与に関する実務上の諸問題」家庭裁判月報62巻3号1頁以下(2010)

【参考文献】

・犬伏由子=石井美智子=常岡史子=松尾知子『親族・相続法〔第2版〕』(弘文堂、2016)

・大村敦志『家族法〔第3版〕』(有斐閣、2010)

・家族〈社会と法〉23号「離婚給付と年金分割」(日本加除出版、2007)

・全国弁護士協同組合連合会編『弁護士賠償責任保険の解説と事例〔第5集〕』(全国弁護士協同組合連合会、2014)

・高橋朋子=床谷文雄=棚村政行『民法7 親族・相続〔第5版〕』(有斐閣、2017)

・東京弁護士会法友全期会家族法研究会編『離婚・離縁事件実務マニュアル

〔第3版〕』(ぎょうせい、2015)
・二宮周平『家族法〔第4版〕』(新世社、2013)
・日本弁護士連合会編『日弁連研修叢書　現代法律実務の諸問題〈平成28年度研修版〉』(第一法規、2017)
・松原正明「人事訴訟事件の実務－財産分与を中心にして」東京弁護士会弁護士研修センター運営委員会編『弁護士専門研修講座　離婚事件の実務』(ぎょうせい、2010)

第1章
離婚事件の進め方

1 「初動」が重要

　財産分与は、離婚の際に夫婦の一方から他方に対して行われる財産給付であり、年金分割は、離婚の際に婚姻中に納付した年金保険料の納付記録を分割するものです。いずれも離婚が成立して初めて請求できる権利です。そこで、財産分与と年金分割を請求するには、相手との離婚を成立させる必要があります。

　このように、財産分与や年金分割を請求する手続は、離婚手続と密接不可分な関係があるのです。そこで、第1章では、離婚相談を受ける際の留意点および離婚の方法・手続について解説します。

　離婚事件は、相談から受任までのいわば「初動」における対応が重要です。離婚したいのか、離婚を請求されているのか、と相談者の性別（夫側 vs 妻側）によっても状況が異なりますので、これに応じた対応が必要です（〔図表1－1〕参照）。

〔図表1－1〕 相談の種別

性別＼状況	離婚したい	離婚を請求されている
妻	A	B
夫	C	D

1

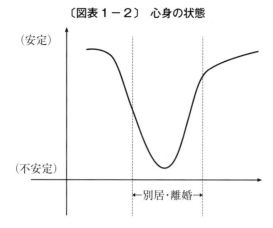

〔図表1－2〕 心身の状態

　「初動」では、当該離婚紛争の焦点は何か、どの段階で何をしなければならないのかを見極めることが肝要です。

　離婚に直面している夫婦は、別居・離婚という出来事により強いストレスを受け、心身の状態が不安定になります。ところが、離婚や子の問題、財産分与、住居などについて一定の結論が出て離婚問題が一段落すると、不安定な状態から脱し、お互いの関係性が安定していきます。これにより、当事者の心身の状態も次第に回復していきます（〔図表1－2〕参照）（DV被害によりうつ病等精神疾患を発症している場合、ハラッサー（加害者）の存在自体がストレスの原因になり、被害者はハラッサーから離れない限り回復しない場合があることに留意します）。

　弁護士が介入して家庭裁判所等でさまざまな手続を行う時期は、当事者の心身の状態が不安定な時期であることを自覚する必要があります。別居・離婚や調停等の家事手続により強度のストレスを受け、うつ病を発症している場合もあります。そこで、できる限り、すみやかに紛争を解決して、当事者が「離婚」を過去の出来事として新たな生活に踏み出していけるよう援助することになります。

2 妻側から、「離婚したい」と相談される場合
（〔図表１－１〕A）

(1) 相談者は離婚のプロセスの中のどこにいるのか

　相談者は、離婚のプロセスの中のどこにいるのか——別居中か同居中か、別居中ならいつ・どのように別居したのかにより、相談者の課題や弁護士の対応が異なります（〔図表１－３〕参照）。

㋐ 別居中

　別居している場合は「離婚したい」という意思がある程度強固であり、転居に伴う問題——とりわけ、①身の安全が確保され、②生活の目処が立っていること——を当事者が自らの手で解決していることを意味します。

　別居後半年から１年以上経過している場合には、一応別居生活が安定しているとみることができます。別居の段階で大きなトラブル（子の奪い合い、DV、ストーカー行為など）が生じていない当事者間の離婚事件は、緊急の対応を要する案件（「急患」）ではありません。これに対し、別居して日が浅く、別居中の生活が安定していない場合には、弁護士が受任して迅速な対応

〔図表１－３〕　離婚を請求する側の離婚の意思（強／弱）

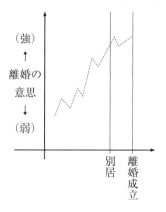

をする必要があります。

(i) 別居して日が浅く、別居生活が安定していない場合
　　〜安全確保と生活の目処を立てる

　別居してまだ日が浅く別居生活が安定しておらず、①身の安全の確保と②生活の目処が立っていない場合には、これを確保することが課題となります。すみやかに受任して、生命・身体に危害を加えられるおそれが大きい場合には、保護命令やストーカー規制法による警告を検討します（本章6）。

　生命・身体に危害を加えられるおそれは小さいが、相手が別居先や実家に押しかけてくるのではないかと不安を抱いている場合には、すみやかに離婚調停の申立てをして、舞台を家庭裁判所に移します。家庭裁判所からの呼出状が相手に送付されることにより、裁判所外での相手方の行動にブレーキがかかる場合が多く、またこの段階で相手に弁護士が就くことによって裁判外でのトラブルを防止することができます（「場外乱闘」の防止！）。

　別居中、面会交流をしているが渡した子を返してくれない、あるいは別居先から子を連れ去られたという場合には、ただちに「子の引渡の審判」および「審判前の保全処分」の申立てをします。子を連れ去られた親は著しい精神的苦痛を受ける場合が多いので、精神疾患（うつ病）を発症したり、これを悪化させる場合があり、メンタル面への配慮が不可欠です。精神科医との連携を検討するべきでしょう。

　子は、両親にとってかけがえのないものです。「子の奪い合い紛争」は、緊急・火急の案件であり、当事者にとっても精神的負担の大きい紛争なので、複数弁護士で受任するなど万全の体制で臨む必要があります。

　また、妻と子の生活費に事欠くという場合には、婚姻費用分担調停（審判）の申立てをします。

(ii) 別居して半年以上が過ぎ、別居生活が安定している場合
　　(A) 解決までの見通し・目処を立てる
　　　　——どの段階でどのような手続を利用するのか

　別居したが離婚の話が進まない、あるいは離婚調停を申し立てたけれども

調停がうまくいかないという相談者に対しては、離婚が成立し、解決するまでのおおよその見通しを立てる必要があります。

①離婚、②子の親権者、③養育費、④面会交流、⑤財産分与、慰謝料、年金分割、⑥債務の処理などについて、おおよその見通しを説明します。また、示談交渉→調停→離婚訴訟のプロセスを解説します。

この際重要なことは、当該相談者の離婚紛争の焦点がどこにあるかの見通しを立てること、どの段階でどのような手続をとる必要があるのか――手続の選択――です。また、離婚までどのくらい時間がかかるのか、弁護士に依頼した場合の費用の概算について説明します。

⑻　弁護士が受任したほうがよいケース

相手に弁護士が就いて調停外で離婚協議が始まっている場合には、当方も弁護士を就けて交渉することを勧めます。また、当事者双方である程度の協議ができているが、公正証書や協議離婚などについて依頼者がこれ以上相手と直接交渉したくない場合にも、弁護士が就いて手続を行うほうがスムーズにいきます。

受任通知は文書（内容証明郵便である必要はない）で簡潔に行います。弁護士が受任したことを知らせ、本人とは接触しないように記載します（【文例1】）。受任通知に対し1週間ないし10日以内に返答がなければ、すみやかに離婚調停を申し立てます。

【文例1】　受任通知

```
                                        ○年○月○日
○　○　○　○　　殿


                         〒○○○－○○○○
                         ○○市○○区
                                弁護士　○　○　○　○
                         電　話
                         ＦＡＸ
```

第 1 章　離婚事件の進め方

拝啓　時下ますますご清栄のこととお慶び申し上げます。

　この度、Aさんから、あなたとの離婚の件について委任を受けましたので、ご連絡します。

　当方としましては、あなたのご意向を伺いながら離婚協議を進めてまいりたいと考えております。つきましては、あなたのお考えを当職宛ご連絡いただきますようお願いいたします。

　なお、本件につきましては、当職が一切の委任を受けておりますので、今後、本件に関するご連絡・ご要望等は、一切当職宛にお願いいたします。

敬　具

(C)　離婚調停手続の変貌

合意により解決することが難しい場合には、家庭裁判所の調停を利用することになります。

(あ)　離婚訴訟の「前倒し」

2013（平成25）年1月に家事事件手続法が施行されて以降、家庭裁判所は離婚調停の段階で離婚訴訟（裁判）まで進んだ場合に必要となる情報収集を進めるなど、調停手続中に、離婚訴訟になった場合の「荒ごなし」をする傾向があります。

たとえば、子の親権や面会交流など子の監護が争点となるケースでは、調停段階で調査官調査が行われるのが通例です。また、財産分与が争点となる場合には、双方、財産関係の資料を提出するよう求められ、担当裁判官によっては、調査嘱託など財産関係の事実の調査をする場合もあります。

(い)　「調停に代わる審判」の多用

近時、「調停に代わる審判」が多用されており、留意が必要です。

「調停に代わる審判」とは、調停が不成立となった場合、家庭裁判所が一切の事情を考慮して職権で行う審判であり、2週間以内に当事者から異議がない場合、確定判決・確定審判と同様の効力が与えられるものです（家事事件手続法284条・287条）。従来は、離婚調停・離縁調停等について利用することができましたが、2013（平成25）年施行の家事事件手続法により、養育

費・婚姻費用・面会交流・財産分与・遺産分割などの家事事件手続法別表第2の審判事件（調停を行うことのできる相手方のある審判事件）についても「調停に代わる審判」が利用できるようになりました。「調停に代わる審判」は、当事者に合意が成立していない点に特色があり、適法な異議（特に理由を必要としない）により失効するものなので、原理的には当事者の意思にもとづく半ば強制的な調停ともいえます（小島・離婚127頁）。

離婚について合意がない場合、「調停に代わる審判」を利用して離婚を成立させること（審判離婚）について、従来、裁判所は慎重な態度をとってきました。しかし、家事事件手続法施行後は、たとえ離婚自体について合意が成立していない場合であっても、「調停に代わる審判」により、裁判官が望ましいと思う内容・条件で「審判」を出し、離婚を成立させる運用がなされています。別表第2審判事件以外の事件（離婚・離縁など）で、2012（平成24）年（改正前）105件だった「調停に代わる審判」は、改正後は2013（平成25）年216件、2016（平成28）年717件と激増しています（うち、離婚など夫婦間調停が604件）。

養育費・婚姻費用・面会交流・財産分与・遺産分割など、家事事件手続法により「調停に代わる審判」手続が利用できるようになった調停事件についても裁判所は積極的にこの手続を利用しています（2013（平成25）年596件、2016（平成28）年4035件）（司法統計年報家事事件編第4表）。

「調停に代わる審判」は、2週間以内に異議申立てをすれば失効する審判ですが、半ば強制的な調停ともいいうる手続であり、手続法に疎い当事者が、弁護士に依頼することなく調停を行っている場合には、「調停に代わる審判」により当事者の法的利益が侵害されるおそれがあります。

　　　(う)　電話会議・テレビ会議システムの多用と「調停に代わる審判」

「調停に代わる審判」は、当事者が遠隔地に居住している場合、双方に離婚の合意が成立しているが、電話会議・テレビ会議によって調停を成立させることができない場合に利用されることがあります。

家事事件手続法施行により、当事者が遠隔地に居住しているときは、家事

審判・家事調停について、電話会議・テレビ会議システムを利用することができるようになりました（家事事件手続法54条・258条）。

　養育費、婚姻費用請求事件だけでなく、離婚調停事件や子の面会交流事件においても電話会議・テレビ会議システムが利用されています。

　一方で、離婚・離縁について、電話会議・テレビ会議システムによる手続では調停を成立させることはできません（家事事件手続法268条3項）。離婚訴訟となった場合の和解離婚も、電話会議・テレビ会議システムで行うことはできません（人事訴訟法37条3項）。

　離婚等について「合意」が「ない」場合ではなく、「合意」が成立しているが、電話会議・テレビ会議システムによる期日では「合意」を成立させることができない場合に、「調停に代わる審判」が利用されています。

　離婚訴訟では、裁判所は事件を調停に付し（「付調停」の決定。家事事件手続法274条1項）、「自庁処理」により「調停に代わる審判」をすることができます（同条3項）。

　このような場合は、当事者に「合意」が成立しているので問題はありません。

　なお、電話会議システムは代理人弁護士が就いている事件について法律事務所との間で行うことになっていますが、テレビ会議システムについては、遠方に居住する当事者が、テレビ会議装置のある最寄りの裁判所に出頭して行うことができますので、弁護士が就いている事件に限らず利用できます。

　このように、近時、家庭裁判所における調停手続は大きく変容を遂げています。

　そこで、家庭裁判所の調停手続を利用しなければ当事者の合意に到達できないような争いのある案件については、調停段階から弁護士を就けることを勧めます。離婚訴訟の「前哨戦」である調停で不利な主張・立証をして後悔をするおそれが少ないこと、また、調停委員や裁判官からの説得を受けた際に、そこで示された提案が受け入れざるをえないものなのか、争うことができるのか、争ったほうがよいのかの判断を迫られたときに、専門家である弁

護士の支援が受けられるからです。

(D) 弁護士費用

　離婚調停にかかる弁護士費用については、子の引渡審判（調停）など労力を要する事件を伴うものでない限り、解決までの期間を約半年とみて、おおよそ20万円から30万円程度とする例が多いようです。弁護士費用が用意できない場合、法テラスを利用することになりますが、法テラスは無料ではなく立替え払い（≒「クレジット」）なので、たとえ本人の収入が月7万円から8万円であっても、月々5000円は銀行口座引き落としにより立替金を支払う必要が出てくることを説明します。また、法テラスの案件は、解決に際し、ある程度の金銭（一時金）を相手方に払ってもらわないと、離婚成立後、弁護士費用が債務（借金）として残ることになりますので、留意が必要です（当職が控訴審から受任した事件で、法テラスへの債務が約150万円という例がありました）。

(イ)　同居中

(i) 同居中だが、離婚の意思が固く、どうやって離婚したらよいのかわからないという場合

(A)　別居前に準備しておくこと

　別居するにあたっては、相手と話し合ったうえで家を出ることができればそれが望ましいといえます。しかし、夫の暴言や暴力・不貞などにより、妻は夫との同居に耐えられないにもかかわらず、別居について夫の同意が到底得られそうもない場合があります。この場合は、やむをえないので離婚したいほうが家を出て別居するほかありません。この場合には、相手と別居したうえで離婚の協議に入ることを勧めます。

　引っ越し＝転居は、経済的な負担だけでなく、精神的にもストレスを伴うものです。離婚・別居を望まない当事者（夫）に転居を求めることは現実的ではありません。

　また、別居後の生活の目処が立つのかどうかについて十分検討する必要が

あります。妻の収入が無収入であったり、収入があっても妻と子の別居後の生活を維持することができない場合が多いので（年収100万円前後の例が多い）、実家の援助を求めるなど自らの持てるすべての資源（人的・物的資源）を活用するようアドバイスします。一方で、別居後、夫が会社員・公務員など給与所得者である場合は、婚姻費用が請求・確保しやすいことも説明します。

　子を同伴する場合は、学齢期の子については、子の気持ちを確認し、母と一緒に家を出たい／出てもよいという場合には、できる限り転校しないですむ同一学区内の住居を探すことになります。別居後の生活の目処が立たない場合は、実家に戻る選択肢も検討します。

　また、別居時の預金の持ち出しについては、自分名義のものは問題ありませんが、夫名義の通帳や財産を持ち出すと、「返せ！」となってトラブルになるので、よほどの事情がない限りやめたほうがよいとアドバイスします。

　財産分与が焦点となる事案では、財産分与の対象財産について見当がつかないと請求できないので、同居中に相手の資産（預金、保険、株、年金等）について、できる限り情報を集めておくようアドバイスします。

Ⓑ　弁護士介入のタイミング

　弁護士介入のタイミングは、別居後が望ましいでしょう。「別居」は本人の離婚意思の強固さの徴表であり、「別居」をつくり出すのは本人ないし家族の責任で行い、弁護士は「別居後」に相手方との間に生じるトラブルを防止・解決することにします。

　別居前に弁護士が介入すると、相手は「離婚を求められる理由はない。自分は悪くない」「弁護士が離婚をそそのかしている」「妻は弁護士に洗脳されている」などと言い、弁護士が攻撃の対象になる場合があります。特に、男性弁護士が女性依頼者の代理人をする場合、男女関係を疑われることもありますので留意する必要があります。

　なお、妻子の生命・身体への危害が差し迫っているにもかかわらず、別居するだけのお金がなく、親族等の支援も得られないという緊急案件について

は、配偶者暴力相談支援センターや警察と連携し、シェルターへ避難させるなど、公的機関の援助を得て別居する方法を検討します（本章6参照）。

(ii) 同居中であり、離婚したいと思っているが、子の親権者になれるのか、離婚後の生活が不安だという場合

　離婚したいのであれば、夫と別居して生活することになること、別居後、自分と子がどこでどのように生活することになるのか、別居後の生活のおおよそのイメージ・構想を立てること、その際、住居や生活費の確保について自分が活用できる資源があるのか、自分にどのくらい稼得能力があるのか、親族からの援助は期待できるのか、別居となると引越費用や当面の生活費が必要となるが、自分名義の預貯金はあるのか（100万円から200万円は必要になる）などを検討する必要があることを伝えます。

　妻の場合、離婚後の生活に不安を抱えている人が多いので、養育費の支払いについては会社員・公務員など安定した給与収入がある人について養育費の支払い確保策が進んでいることを伝えます。また、稼得能力や資産のない高齢女性については、離婚時年金分割制度の説明と、年金事務所に行って年金分割後の「年金見込額」について夫に知られることなく調査することができることをアドバイスします（ただし、「年金見込額」について調査できるのは50歳以上のみ）。婚姻年数が長く、夫が中堅・大手企業の会社員や公務員の場合、年金分割により受領できる年金額が自分の年金と併せ、年額150万円くらいになる場合があります（第4章Q3）。

　なお、家族は、妻にとって大切な資源（経済的・精神的支援の提供者）となりますが、結婚の際のいきさつや夫が実家との行き来を嫌っていたなどの事情により家族との「パイプ」が切れており、本人が「孤立」していることがあります。本人の話だけでなく、家族をはじめ関係者からの事情を聞くことで重要な情報が得られることもあります。また、家族の協力が得られれば選択の幅が拡がることもあるので、家族にも一緒に来てもらって話を聞くことも検討します。

(2) ヨリを戻す依頼者〜「感情（管理）労働」

　配偶者暴力を受けたり、相手の不貞行為に苦しんでいる妻が、別居後に夫のもとに戻ってヨリを戻す場合があります。すでに弁護士が介入して手続を進めていると、梯子を外されることになりますので注意が必要です。

　妻にとって、夫と別れることは、夫や子に自らの人生を「投資」してきたことを考えると、人生の「挫折」ともいうべき状況になります。別れた後の生活費や住居の確保、子の教育機会の喪失を慮って、自分の選択が「家族に迷惑をかけることになる」と思うことがあります。離婚の成立までの間、自分の決断が正しかったのか、何度も迷い悩むことはある意味当然のこととともいえます。

　どのような「選択」をしても、依頼者および子の生命・身体に危険が迫っている例外的な場合を除き、代理人弁護士としては本人の選択を尊重するほかありません。

　依頼者の気持ちの変化に気づかずに仕事を進め、相手との交渉や調停を進めると、困難な事態に立ち陥ることになります。弁護士（支援者）は、常に依頼者の行動や言葉に関心をもち、依頼者の「感情」を読み、分析的理解を進めることが必要です。これにより、本人の気持ちがわかり、共感をもって依頼者と関係をつくり、かかわることができるようになります（小島・DV181頁）。

　弁護士の仕事は「自己や他者の感情管理を核心的もしくは重要な要素とする労働」、すなわち「感情（管理）労働」の側面を有していることを自覚し、相談者・依頼者や自らの感情をコントロールすることが求められます。

(3) 弁護士業務妨害

　離婚を請求される側は、一般に、落ち度がないのに離婚を迫られているという被害者意識をもちやすく、妻に対する恨みが弁護士に向かったり、弁護士が妻をそそのかして自分から引き離そうとしているとして、弁護士への恨

みを募らせる場合があります。実際に、弁護士が離婚事件の相手方（夫）から生命・身体に危害を加えられる等の重大な業務妨害事件が発生しています（日本弁護士連合会弁護士業務妨害対策委員会内資料『弁護士業務妨害対策マニュアル〔5訂版〕』(2016年))。

たとえば、離婚事件終了後、前夫が弁護士の自宅に侵入し、剪定ばさみで刺殺した事件（2010（平成22）年、秋田県）、離婚訴訟係属中に夫が事務所に乗り込み、女性事務員をハンマーで殴り、頭蓋骨骨折の重傷を負わせた事件（2007（平成19）年、兵庫県）、調停不成立となった後、2週間も経たない時期に、夫が弁護士と事務員を人質にとって事務所に籠城し、灯油をまいて、妻子との面会を要求した事件（2013（平成25）年、新潟県）、離婚事件の控訴中に「妻の居所を知らせろ」と事務所に乗り込み、出刃包丁で弁護士を切りつけた殺人未遂事件（2004（平成16）年、千葉県）などです。

また、離婚成立後、60代の小学校教諭の前夫が、事務所のポストに「関係者が血の海になることを覚悟の上強制執行してほしい。予告殺人である」などと書いた手紙を投函した脅迫事件（2012（平成24）年、栃木県）などもあります。

重大事案に至らないまでも、執拗に面会を要求する、事務所の周りをはいかいする、長時間事務所に居座る、「殺してやる」「ただじゃおかない」などと電話で脅す、長時間電話をかけてくる、メールを大量に送付する、などの業務妨害の被害を受けることがあります。

とりわけ、夫が無職であったり、頼るべき親族もなく「孤立」している場合には、妻への執着が強く、弁護士への執拗な攻撃につながる場合が多いようです。離婚を請求される夫にとって、離婚とは、妻を失い、子を失い、財産を失い、年金を分割され、場合によっては家を失うなどの結果を招くことになるからです。

離婚請求する妻側の弁護士は、夫からの攻撃の対象になりやすいことを自覚し、重大事案発生前の予兆を見逃さないようにして、自らの身の安全を確保する必要があります（→消防士の教訓に「自分が助けられる側にまわってはな

らない」という言葉があるそうです)。とりわけ、女性弁護士の場合は、女性であるというだけで軽くみられる場合もありますので、注意が必要です。

相手が早期解決を望んでいたり、社会的地位や体面から調停ではなく示談交渉を望んでいると予想される場合や、相手にすでに弁護士が就いているなどの事情がない限り、夫本人との直接交渉は行わないほうがリスクが少ないといえましょう。この場合、すみやかに家庭裁判所に調停を申し立て、裁判所以外の場所での接触をしない、執拗に連絡をしてくる相手とはFAXや文書でやり取りをすることになります。

また、離婚調停の申立書は相手方に送付されるので、定型書式を用いること、申立書には余事記載をしないようにして、相手方に送付されない「事情説明書」に離婚に至る経緯などを簡潔に記載することを心がけます（ただし、「事情説明書」も後日謄写される可能性があるので秘匿情報を記載する場合には併せて「非開示の希望に関する申出書」を付けて提出します）（小島・離婚75頁）。

3 妻側から、「離婚を請求されている」と相談される場合（〔図表1-1〕B）

(1) 別居中

夫はすでに単身家を出て別居しているが、生活費や養育費、離婚による慰藉料・財産分与などを支払う気持ちはなく、今後の生活や子の将来が心配でたまらない、夫の一方的な離婚要求には応じられないという場合があります。夫が別居に踏み切っているので、夫の離婚意思は相当強固であると認められます。

厚生労働省「心理的負荷による精神障害の認定基準について」（平成23年12月26日基発1226第1号）の「業務以外の心理的負荷評価表」によれば、「離婚又は夫婦が別居した」の心理的負荷の強度は「Ⅲ」とされています。強度Ⅲは、このほかに、「自分が重い病気やケガをした」「配偶者や子供、親又は

兄弟が死亡した」「天災や火災などにあった又は犯罪に巻き込まれた」が該当します。

　離婚・別居は、精神障害を発症させる「業務以外のストレス」の中でも、心理的負荷の強い出来事なのです。とりわけ、相手に離婚を請求されている側の心理的負荷は、請求する側に比べて大きいといえましょう。この点は、性別による違いはあまりないと思われます。

　離婚を請求され、これに応じないでいる間に相手方が家を出て行ってしまった場合、あるいは突如相手が家を出て行き、別居後、離婚を請求された場合には、別居状態をつくり出した側は精神的にも経済的にも離婚に向けた準備ができている一方で、別居された方＝相手に去られた方は、離婚請求に心も身体もついていけず、著しい精神的苦痛を蒙り、精神障害（うつ病など）を発症するおそれが高いのです。

　このような場合には、相談者のメンタル面への配慮が欠かせません。精神疾患を発症するおそれがある場合には、精神科医との連携を検討します。また、できる限り家族と一緒に話を聞くようにします。

㋐　妻が「離婚したくない」場合

（i）絶対に離婚したくない場合

　夫の離婚請求が有責配偶者からの離婚請求である場合には、**最大判昭62・9・2民集41巻6号1423頁**による3要件（①長期間の別居、②未成熟子がいないこと、③精神的・経済的・社会的に苛酷でないこと）を検討し、夫の離婚請求が認められるのかどうかの見通しを立てます。

　離婚が認容されるおそれがあるか否かにかかわりなく、生活費の支払いがない場合には、婚姻費用分担調停を申し立てて別居中の生活費を確保します。妻が「離婚したくない！」という場合には、離婚の成否をめぐり、離婚調停→離婚訴訟を争うことになること、これに要する費用や時間について説明します。

(ⅱ) 「今は離婚したくない」「理不尽な要求には応じられない」

　妻の「離婚したくない」が、「気持ちがついていかないので、今すぐは離婚したくない」「ボロボロで何も考えられない」「もう少し時間がほしい」「出産直後に離婚調停を申し立てられ、やり方があまりにひどい。バカにしている！」という場合があります。このような場合は、離婚交渉・調停の進行・スケジュールを本人の気持ちに合うようできる限り調整します。

　調停期日が迫っているにもかかわらず、「調停をいきなり申し立てられ、ショックで何も考えられない」という場合は、弁護士が受任して、当該期日には本人が出頭できない旨を裁判所に伝え、初回は申立人側の言い分のみ聞いてもらい、第2回期日を指定してもらいます。通常、1か月くらい先の期日になりますので、本人に考える時間や余裕を与えることができます。

　また、相手方弁護士の内容証明の記載内容が妻の名誉を著しく害するもので、妻が精神的苦痛を蒙っている場合には、ただちに弁護士が依頼を受け、事実関係が異なることや、離婚には理由がないこと、離婚請求には応じられない旨回答し、本人の気持ちを落ち着かせます。

(イ)　妻も「離婚はやむを得ない」と思っている場合

　妻も「離婚はやむを得ない」と思っている場合には、離婚の条件について交渉することになります。簡単に離婚できると考えている夫に、一定程度の金銭の支払いを求め、場合によっては公証人役場に足を運ばせて公正証書を作成させることは、容易なことではありません。

　夫にすでに弁護士が就いていて受任通知が届いている場合や、夫が遠隔地に住んでいて調停申立てをすると遠方の裁判所まで出向かなければならない場合、夫の地位・職業から家庭裁判所での調停が相当でない場合などの事情があれば示談交渉から入りますが、そうでない限りは、原則として家庭裁判所に離婚調停の申立てをします。

　示談交渉から始めた場合、夫に弁護士が就いていて「早急に離婚したい」というインセンティブがある場合には（ex. 交際相手が妊娠している、あるい

は体面があり調停に出頭するのは避けたい)、早期解決できることもあります。

一方で、「妻に落ち度があるので慰謝料を払え」「財産を隠している。通帳など一切を引き渡せ」「すぐに子に会わせろ」などと強硬な主張を繰り返し、解決の目処が立たない場合は、すみやかに示談交渉を打ち切り、家庭裁判所に調停を申し立てます。

(2) 同居中

夫婦がまだ同居中であれば、夫が常々「出て行け！」「いつでも離婚してやる！」と暴言を吐いていても、夫の離婚意思はそれほど強固ではない可能性があります。妻は、夫が生活費を十分に渡してくれない、女性がいるようで帰宅が遅いなどと夫の態度に不満を抱いていても、「離婚はしたくない」と考えている場合があります。この段階で弁護士が介入して夫と交渉を始めると、夫婦関係が破綻する方向に傾くおそれがありますので、この点を説明し、どの段階で弁護士が介入するのか検討する必要があります。

同居中であっても、夫の離婚意思が固く、妻もやむを得ないと思っている場合には、離婚に備えて、財産関係の資料や不貞関係を示す証拠など、同居中に収集できる資料はできる限り収集しておくことをアドバイスします。

夫が離婚を請求し、妻に対し「出て行け」と求めていても、「引っ越し」は経済的にも精神的にも大きな負担を伴います。そこで、離婚を求める側＝夫が家を出て、別居が始まるほうが、妻側の経済的・精神的負担が少ないことをアドバイスします。一方で、妻や子の生命・身体（健康）に危害を加えられるおそれがある場合や、妻が同居に耐えられない場合には、妻が家を出るしかありません。別居する際の留意点については、前述2(1)(イ)(ⅰ)を参照してください。

(3) 不受理申出制度

夫が勝手に離婚届を出すおそれがある場合には、本籍地の市区町村役場に離婚届の不受理届出書を提出する（郵送でも可）ようアドバイスします。

第 1 章　離婚事件の進め方

　協議離婚は、当事者間で合意が成立すれば、戸籍係に届出をすることによって離婚が成立します。ここで、離婚が成立するためには、離婚の届出が必要であり、届出があっても「離婚意思」ないし「届出意思」が欠けているときは、協議離婚無効の問題が生じます。戸籍事務管掌者たる市町村長は形式的審査権しか有しないので、当事者の合意が本当にあったのか、本当に本人が自署しているのか等の確認はできません。勝手に離婚届を出された場合、戸籍の訂正を求めることができますが、協議離婚無効の判決が必要になります（戸籍法116条）。

　そのため、離婚の意思がないのに勝手に離婚届が作成されて受理されてしまうという事態を防止するために、不受理申出制度があります。

　2007（平成19）年の戸籍法改正により、本人確認の制度（戸籍法27条の2第1項）とともに、同法27条の2第3項に明文の規定が設けられました。自らを届出事件の本人とする離婚等の届出がなされた場合でも、自らが市役所または町村役場に出頭して届け出たことを確認できないときは、当該届出を受理しないよう申し出ることができます。不受理届出がなされると、戸籍事務管掌者たる市町村長は、本人が届け出たものであることの確認ができない場合には（同条1項。運転免許証などで行う）、届出を受理することができません（同条4項）。なお、従来6か月とされてきた有効期間の制限がなくなりました。

　協議離婚届の不受理申出制度は頻繁に利用されています（平成28（2016）年で約3万7803件。同年の離婚件数の約1割に及ぶ：法務省戸籍統計第4表）。協議離婚届が一方配偶者の意に反して作成されたり、離婚届作成後、数日間にその意思が翻される程度の浮動的状態で作成される場合が少なくないことがうかがわれます。協議離婚制度が今日なお「追い出し離婚」に利用されるおそれがあり、これを防止する必要があるといえましょう。

4 夫側から、「離婚したい」と相談される場合
（〔図表1−1〕C）

(1) 別居中

　別居している場合は、いつ別居したか、どのように別居したのか、別居後の交渉経緯などについて確認します。

㋐ 別居直後

　別居直後（1か月から2か月以内）に妻側との交渉を依頼される場合には、離婚請求される妻側への配慮が欠かせません。離婚請求される側は、落ち度がないのに一方的に離婚を迫られているという被害者意識をもちやすいからです。実際上、夫が妻を追い出したり、追い詰めて別居を作出して、離婚を迫っている場合もあります。

　別居直後に夫側に弁護士が就いて妻に受任通知を発送し、離婚協議に入る場合には、簡潔な文書を送付し、できる限り相手を傷つけないようにする配慮が必要です（【文例1】）。受任通知に夫が申し立てる離婚理由を縷々記載して離婚を求め、通帳や保険証券などを持参して事務所に来るよう求めたり、妻が子と同居しているのに子の引き渡しを求めたりすることは、相手を驚愕させ、傷つけ、怒らせるだけであり、紛争を長引かせることになりかねません。

　また、別居直後に電話一本で受任したことを知らせ、事務所に呼び出すという方法も、専門知識を有する弁護士と別居による精神的ダメージから立ち直っていない妻（＝一般市民）との力関係（パワー）の差を考えると適切な方法とはいえません。

　受任通知は文書（内容証明である必要はない）で簡潔に行うようにします。弁護士が受任したことを知らせ、夫本人とは連絡しないように記載します。協議ですみやかに解決できそうな事件なのか、あたりをつけることを目的と

します。受任通知に対し1週間ないし10日以内に返答がなければ、すみやかに離婚調停を申し立てます。ただし、妻が妊娠中であったり、出産直後の場合には、出産後ある程度期間をおいてから申し立てる等の配慮をします。

なお、紛争の焦点が「子の奪い合い」である場合、すなわち妻の下にいる子を是非とも引き取りたいという場合は、特段の事情がない限り協議では解決しないので、家事審判（審判前の保全処分）の申立てをします（小島・離婚185頁）。

(イ) 別居後、半年以上経過している場合

離婚協議の経緯を確認し、解決のおおよその見通しを立てます。離婚の成立自体が争点である、子の親権や財産分与・慰藉料（金銭面）について双方のへだたりが大きい場合には、協議離婚は難しいので、原則として離婚調停を申し立てます。本人が離婚調停に出頭するのがいやだという場合には示談交渉から始めることになりますが、条件面で相当譲歩しないと解決が難しいと伝えます。

一方、離婚や離婚の条件についておおむね合意ができているという場合には、受任通知を送り、相手方（妻）と面談のうえ、合意書や公正証書を作成するという手続を夫側代理人として取り仕切ることになります。

(ウ) 弁護士費用

弁護士の費用については、妻側の場合、離婚成立時に子の養育費、財産分与、慰藉料など経済的利益を得られることが多く、これに伴う報酬が発生する可能性が高いことから、離婚調停や示談交渉時の着手金は20万円から30万円程度としている例が多いようですが、夫側の場合、離婚が成立しても経済的利益が得られることはほとんどないこと、夫はおおむね所得が高く経済的余裕がある場合が多いことから、着手金としては40万円から50万円としている例が多いようです。

(2) 同居中

　夫側が「離婚したい」と弁護士に相談する場合は、離婚の意思がある程度固まっている場合が多いと思われます。この場合、相手と別居したうえで離婚交渉に入るようアドバイスします。相手を追い出す・閉め出すなど、別居の際にトラブルを起こすと相手の恨みを買い、紛争が激化・長期化するので、離婚したいほうが家を出るしかないことを説明します。弁護士の介入は原則として別居後に行います。

　離婚原因を確認し、有責配偶者からの離婚請求である場合には、条件面で譲歩して相手から離婚の同意を取り付けなければならなくなることを説明します。

　一方で、妻に反省を促したいという気持ちで「離婚を求める」とか、できれば「離婚したい」など、離婚の意思が強固でない場合には、離婚となった際の法的問題について解説し、財産分与の2分の1ルールや年金分割、婚姻費用分担義務などを解説し、失うものが大きい場合には慎重に検討することをアドバイスします。

　離婚調停を自らが申し立てながら、いざ妻が離婚に応じるというと「離婚したくない」「修復したい」という夫がいますが、離婚調停の申立てを自らが行ったという事実は夫の離婚意思の表れと評価され、後日裁判となったときに離婚原因の有無を判断する際の事情とされますので、慎重に行うようアドバイスします。

5　夫側から、「離婚請求されている」と相談される場合（〔図表1-1〕D）

(1) 別居中

　妻（と子）が、突如、家を出ていき、離婚請求されている場合に、夫は著しい精神的苦痛を受け、精神障害（うつ病など）を発症するおそれがある場

合があります。この場合、夫のメンタル面への配慮が必要です（詳しくは、3(1)を参照）。

　妻が関係の解消を望み、夫のもとを去って別居に至っても、夫はなぜ妻が別れを切り出すのか理解できない場合があります。別居による強いストレス（精神的負荷）により精神疾患を発症したり、これに至らないまでも、うつ状態になっていることがあります。

　また、精神的ショックを与えている相手（妻）に対して「恨み」を募らせたり、親族や弁護士、支援者などが別居／離婚をそそのかしているとして、これを攻撃することもあります。このような場合、夫の心身の状態に気を配り、その「表情」を読み、夫が何に不満をもっているのか、何を望んでいるのか、紛争の焦点は何かを見極める必要があります。

　夫が別居に至った理由について、どのように考えているのかを知ることが大切です。妻に交際相手がいるなどの事情があれば格別として、夫側の言動に別居に至る原因があったとしても、当事者は、不都合だと思う事実は話そうとしません。弁護士は、夫に女性がいるのか、妻は知っているのか、殴る・蹴るなどの暴行の有無や時期、「誰にメシを食わせてもらっているんだ」「能なし！」「出て行け！」「いつでも離婚してやる！」などの暴言があったかなど、聞きにくい話をやさしく聞き取ります。夫自身は「別居」に至っているという事の重大性を理解しようとせず、相手に対する感情的反発から冷静な判断を欠く状態になっていることもあります。丁寧に話を聞いて、気持ちを落ち着かせることが大切です。

㋐　妻との関係を修復したい場合

　夫が、妻との関係修復を心から望んでいる場合には、関係修復の途を探ることになります。相手が拒んでいるのに、復縁を求めて別居先や勤務先を訪ねたり、頻繁にメール送信したり、電話をかけたりすると、行為態様によってはストーカー規制法等により警告・逮捕のおそれがあることに留意します（近時、警察のストーカー対策が強化されており、逮捕件数が激増しています）。

別居中の生活費の支払いをしていない場合には、算定表の範囲内で夫が納得のいく金額を送金するようアドバイスします。後日、離婚訴訟で離婚原因の有無を判断する場合に、夫の別居後の言動も考慮事情の１つとなり、「別れたくない」と言っているのに生活費の送金をしないという態度をとると、やり直す気持ちがないとして離婚が認められるおそれがありますので留意してください。また、修復を望んでいるのであれば、預貯金の引き出しや学資保険の解約など、財産の隠匿と受け止められるような行動はとらないようにします。

家庭裁判所に夫婦関係調整調停（円満調整）の申立てをして、妻を家庭裁判所に呼び出すようなことをすると、妻から逆に離婚調停を申し立てられて、お互いの関係が修復できなくなるおそれがありますので注意が必要です。

(イ) 妻との修復が難しい場合

妻がすでに弁護士に示談交渉を依頼している場合や、離婚調停を申し立てている場合には、関係修復の可能性が低いこと、離婚自体を争っても、妻の不貞行為が証拠上明らかである場合は有責配偶者からの離婚請求となって要件が厳しくなるが、そうでない場合は相当期間（数年）の別居を経て離婚が認められる可能性が高いことを伝えます。

加えて、別居中の婚姻費用、子の親権の帰趨、養育費、財産分与、年金分割、慰藉料などについて、おおよその見通しと予想される手続について説明します。たとえば、「勝手に出て行った。婚姻費用は払いたくない」という夫には、家裁実務上は婚姻費用支払義務があることを説明します。

離婚請求されるのが男性側である場合には、離婚により失うものが大きいため、離婚を受け入れられないという場合があります。離婚により子や財産を失うだけでなく、社会的信用を失うことを恐れている場合があります。

なぜ離婚請求されなければならないのか納得できない夫にとって、いざ離婚となったときに、現在、家裁実務で確立されつつあるルールは、到底容認

できない「結果」をもたらすことになります。弁護士は夫の言い分をよく聞き、妻へのストーカー行為、子の誘拐などの違法・不当な行為を防止する（「場外乱闘」の防止！）という観点からも、夫が家庭裁判所で自らの主張を展開できるよう法的手続をとることになります。その際には、家庭裁判所で確立されつつあるルールをやさしく、かつ、きっぱりと説明し、本人がルールに従った行動をとるよう促します。

(2) 同居中

　同居中であれば、妻の離婚意思がまだ強固でない場合が多いと思われます。離婚したくないのであれば、妻の言葉に耳を傾け、関係修復の途を探るようアドバイスします。夫自身も離婚を望んでいる場合には、いざ離婚となった場合の法的問題について解説します。

6　DV、ストーカー行為がある場合

(1) 加害者／被害者の「関係性」

　DV、ストーカーなどの親密な関係にある男女の暴力事案への対応で最も難しいケースは、被害者が殴る・蹴るの暴力を受けているにもかかわらず、何度も加害者のもとに戻ってヨリを戻す場合です。

　DV被害者支援については、従来、いかにして当事者間の関係を解消させて、被害を防止するかに力点が置かれてきました。DV防止法上も、保護命令制度や一時保護、被害者の自立支援の対策が用意されています。しかし、DVの被害者と加害者の「関係性」に応じた支援を行う必要があるのではないでしょうか。

　すなわち、①これから関係をつくろうとしている人——未来が不確定な人、②現在の関係を継続したい人——未来を信じている人、③関係を解消して過去のものとしたい人——別な未来をつくりたい人、のタイプに応じた支援です（小島・DV178頁）。

たとえば、相手との「力」関係を変えてDVをやめさせ、現在の関係を継続していきたいと考えている人たち（〔図表1－4〕E）にとっては、刑事手続・保護命令制度や一時保護・離婚など、相手との関係解消に向けての支援は当事者の要求に応えるものとはなりません。このような場合、「出て行ける」だけの資源を獲得できれば（仕事、住居、健康、支援者）、被害者は相手との力関係を変え、暴力／虐待を排除して、関係を継続することができます。

(2) 「危険度」に応じた支援と手続の選択

一方で、当事者が置かれている客観的状況が「生命・身体に重大な危害が加えられるおそれがある場合」かどうかを見極める必要があります。

たとえ当事者が相手との関係継続を望んでいたとしても（(1)②の場合）、被害者の生命・身体に重大な危害が加えられるおそれがある場合には、関係解消に向けた積極的介入が必要です（〔図表1－4〕B）。

DVは、日常生活の中で生じる軽微な嫌がらせから、不法行為を構成するほどの違法性を有する行為、暴行罪、傷害罪、強姦罪、殺人罪など犯罪にあたる行為をも含む幅広い概念です。DV被害者への支援は、「当事者の関係性」（形成途上→継続中→解消途上）と客観的な「危険度」（生命、身体に重大な危害が加えられるおそれの有無）に応じて行う必要があります。

たとえば、2013（平成25）年の法改正でDV防止法が法的救済の対象に取

〔図表1－4〕　DV被害者の状況——当事者の「関係性」と「危険度」

客観的状況＼主観的状況（被害者）	（未来は不確定）関係形成途上	（未来を信じている）関係継続中	（別な未来をつくりたい）関係解消途上
生命・身体に重大な危害が加えられるおそれがある	A	B	C
生命・身体に重大な危害が加えられるおそれはない	D	E	F

り込んだデートDVやいわゆる交際相手からの暴力は、ストーカーから強姦や殺人等の重大事件に発展する場合があります（〔図表1－4〕A）。このような場合は、警察による積極的な介入が求められます。そのおそれがない場合は（〔図表1－4〕D）、デートDVについて理解を深めるよう支援することになるでしょう。

　また、DVの「至近要因」としては「性的嫉妬」をあげることができ、相手が自分の性的支配から離脱していくことへのおそれ・不安・恐怖がDVの契機となります。被害者が最も危険な状態に身を置くのは、相手のもとを去るときです（〔図表1－4〕C）。被害者本人のみならず、被害者の支援者（家族、シェルター関係者、弁護士その他職務関係者）などが、被害者をそそのかしているとして、標的となることがあります。DV防止法10条4項が親族その他の密接関係者に保護命令を発令できることとしているのは、これを防止するためです。

　このような危険な状態の下で、DV被害者にとって最も頻繁に利用される法的手続が離婚手続です。生命・身体に重大な危害が加えられるおそれがある場合（〔図表1－4〕C）はもとより、そこに至らないまでも、離婚・別居に伴い強度のストレスを感じている相手方より、つきまといやストーカー行為、その他のさまざまな嫌がらせを受けるおそれがあります。DV防止法は職務関係者の配慮義務を定めているところ（DV防止法23条）被害者の安全確保および秘密の保持には十分な配慮が必要です。

　当事者が関係解消を望む場合（〔図表1－4〕C）には、警察による積極的介入や保護命令の申立て、離婚などが有効です。このほか、国や地方自治体によるさまざまな被害者の自立支援策および被害者保護の施策（施設入所、生活保護、就労支援、公営住宅への入居、子の就学、保育支援、住民票ブロック制度、医療保険など。詳しくは、内閣府男女共同参画局ホームページ「配偶者からの暴力被害者支援情報」参照）を利用することになります（〔図表1－4〕C、F）。

7　離婚の方法〜離婚の手続

　離婚により、婚姻関係は解消します。これによって、夫婦間の権利義務関係は原則として将来に向かって消滅します。

　離婚には、①協議離婚（民法763条）、②裁判（判決）離婚（同法770条）、③調停離婚（家事事件手続法268条）、④審判離婚（同法284条）、⑤和解離婚（人事訴訟法37条1項）、⑥認諾離婚（同項）の種別があります（小島・現代家族210頁）。

(1)　協議離婚

　離婚に関して当事者間で合意が成立すれば、市区町村役場に離婚届を提出して離婚が成立します（協議離婚。民法763条、戸籍法76条）。未成年者がいる場合には、親権者の指定をしておかなければなりません（民法819条1項）。

　戸籍係には、離婚が夫婦の真意にもとづくものであるかなどの実質的審査権はありませんので、形式が整っていれば、離婚届出は受理されます。

　離婚の意思がないのに勝手に離婚届出を作成され、受理されてしまうという事態を防止するために、不受理申出制度があります（戸籍法27条の2）（3(3)参照）。

　離婚届出の受理日が離婚成立日となります。

　協議離婚の届出は、戸籍の届出をすることによって一定の身分関係（離婚）が形成されるもので、「創設的届出」と呼ばれています。

　裁判離婚や調停離婚等の届出は、判決や調停等によって確定した身分関係について、市区町村長に報告的に届出することが、戸籍法上義務づけられていることから行われているものであり、「報告的届出」と呼ばれています。

　いずれも離婚の届出ですが、法律上の意味合いが異なることに注意が必要です。裁判（判決）離婚や調停離婚・和解離婚などは、判決確定日や調停・和解成立日が離婚成立の日であり、戸籍の届出日は離婚成立日ではありません。財産分与や年金分割の時効の起算点は、いずれも離婚成立日の翌日から

2年となっています。

届出先は、届出人本人の本籍地または届出人の所在地とされています（戸籍法25条1項）。届出人所在地とは、原則として、届出当時、住民登録をしている住所です。

本籍地でない市区町村役場に届け出るときは、戸籍謄本が必要になります（他の種別の離婚の届出も同じです）。

(2) 調停離婚

協議が調わない場合には、裁判（判決）離婚（民法770条）をすることができますが、離婚の訴えを起こす前に、まず家庭裁判所に家事調停の申立てをしなければなりません。これを調停前置主義といいます（家事事件手続法257条1項）。

調停委員会により合意のあっせんがなされます。当事者間に合意が成立すれば、離婚が成立します（調停離婚）。調停において合意が成立し、これを調書に記載したときは、調停が成立したものとし、その記載は確定判決と同一の効力を有します（家事事件手続法268条1項）。

調停成立日が離婚の成立日となります。

離婚の届出は、申立人が調停成立日から10日以内に調停調書の謄本を添付して届出をしなければなりません（戸籍法77条・63条）。ただし、調停の申立人が調停成立の日から10日以内に届出をしないときは、その相手方も届出ができます（同法77条・63条2項）。後述の審判離婚、裁判（判決）離婚、和解離婚、認諾離婚の場合も同様です。

離婚調停の相手方が婚姻により氏を改めた者（多くは妻）であり、相手方が婚姻中に称していた氏（多くは夫の氏）を称する場合には、離婚届出と同時に「離婚の際に称していた氏を称する届」（戸籍法77条の2）を行う関係上、調停調書に「相手方の申出により離婚する」と記載してもらい、相手方が届出をしています（同法77条は、離婚裁判の原告に届出義務を課し、戸籍係の運用は、離婚調停の「申立人」を届出義務者として扱っているため、調停調書に

この文言がないと「相手方」が届出できないからです）。

(3) 審判離婚

調停が成立しない場合に、家庭裁判所は、相当と認めるときに一切の事情を考慮し、職権で、当事者双方のために衡平に考慮して、事件解決のために必要な審判をすることができます（家事事件手続法284条1項、旧家事審判法24

〔図表1－5〕離婚に関する手続の流れ

```
                    当事者間の協議・交渉
                   ／              ＼
            （合意成立）         （合意できない）
                                    → 婚姻費用分担調停
                                    → 面会交流調停
               ↓                       ↓
          協議離婚              家庭裁判所に
         （民法763条）           調停申立て
                              ／          ＼
                        （調停成立）    （調停不成立）
                           ↓
                        調停離婚
                      （家事事件手続法
                         268条）
                              ／                ＼
                   調停に代わる審判＝審判離婚    離婚訴訟
                   （家事事件手続法284条）    （民法770条）
                                            （人事訴訟法2条）
         ／              ｜              ＼
    認 諾 ＝         訴訟上の和解＝         判 決 ＝
    認諾離婚           和解離婚           裁判離婚
  （人事訴訟法37条    （人事訴訟法37条    （民法770条）
     1項）             1項）
```

条)。審判に対し、2週間以内に当事者からの異議がないと、審判は確定判決と同一の効力を与えられます（家事事件手続法287条）。適法な異議（特に理由を必要としない）の申立てがあると失効するので、原理的にはこの審判は当事者の意思にもとづくなかば強制的な調停というべきであり、「調停に代わる審判」と呼ばれています。

家事事件手続法の制定により、別表第2の審判事件（養育費・財産分与など）の調停にも「調停に代わる審判」の手続が利用できることになったことを契機に、家庭裁判所は「調停に代わる審判」の積極的な活用を図っています（「調停に代わる審判」について、詳しくは、2(1)(ア)(ii)(C)(い)を参照）。

審判確定日が離婚の成立日となります。離婚の届出は、申立人が、離婚成立日から10日以内に審判書の謄本と確定証明書を添付して届出をしなければなりません。

近時、「調停に代わる審判」は、当事者双方が遠隔地に居住している場合に電話会議・テレビ会議システムの方法によって離婚調停を実施した結果、当事者に離婚の合意が成立した場合に利用されています。家事事件手続法が、離婚成立時における当事者の離婚意思の確認を慎重に行う必要があるという観点から、電話会議・テレビ会議システムの方による離婚（離縁）調停の成立を認めていないからです（家事事件手続法268条3項、和解離婚について、人事訴訟法37条3項）。

(4) 裁判（判決）離婚

夫婦の一方（甲）が離婚を欲している場合に、他方（乙）が離婚を欲していなくても、所定の離婚原因が存する限り、甲が乙に離婚訴訟を提起して離婚判決を得ることによって、離婚することができます。これを裁判離婚といいます。

裁判離婚がなされるために一定の離婚原因が必要です（民法770条1項各号）。裁判という紛争処理のしくみを通じて、当事者間における争いが解決されます。

7　離婚の方法〜離婚の手続

判決確定日が離婚の成立日となります。離婚の届出は、原告が離婚成立日から10日以内に判決書の謄本と確定証明書を添付して届出をしなければなりません（戸籍法77条・63条）。

(5) 和解離婚

離婚訴訟を提起した後になされる「訴訟上の和解」による離婚が、人事訴訟法の中で用意されています（人事訴訟法37条）。離婚訴訟が始まってからでも、当事者間で離婚の合意が成立すれば、和解調書にその旨を記載することによって、確定判決と同一の効力が得られます（和解離婚）。和解成立日が離婚の成立日です。

(6) 認諾離婚

離婚訴訟で被告が、原告の主張を全面的に受け入れる場合も離婚が成立します（認諾離婚）。ただし、親権者指定、財産分与、養育費等の付帯処分の申立てがなされているときは、請求の認諾はできません（人事訴訟法37条1条但書）。認諾日が離婚の成立日です。

〔図表1-6〕離婚の種類別にみた年次別離婚件数（実数）

	2006 (平18)	2007 (平19)	2008 (平20)	2009 (平21)	2010 (平22)	2011 (平23)	2012 (平24)	2013 (平25)	2014 (平26)	2015 (平27)	2016 (平28)
総数	257,475	254,832	251,136	253,353	251,378	235,719	235,406	231,383	222,107	226,215	216,798
協議離婚	228,802	225,215	220,487	222,662	220,166	205,998	205,074	201,883	194,161	198,214	188,960
調停離婚	22,683	23,476	24,432	24,654	24,977	23,576	23,616	23,025	21,855	21,730	21,651
審判離婚	121	97	84	89	84	69	82	173	298	379	547
和解離婚	2,805	3,243	3,486	3,414	3,648	3,478	3,831	3,502	3,303	3,491	3,458
認諾離婚	17	15	11	22	30	24	15	17	18	18	16
判決離婚	3,047	2,786	2,636	2,512	2,473	2,574	2,788	2,783	2,472	2,383	2,166

出典：平成28年 人口動態調査 上巻 離婚 第10.4表　離婚の種類別にみた年次別離婚件数及び百分率

第2章
財産分与・年金分割の相談と受任の要点

◎対象財産の把握は当事者の責任

Q1：財産分与の額をアップするにはどうしたらよいのでしょうか。

A　財産分与は、分与対象財産の把握がすべてです。パイを増やすことが肝要です。

1　財産分与算定の基本ルール

　財産分与とは、離婚にあたり、夫婦の一方から他方に対してなされる財産上の給付であり、その内容は「清算」「扶養（補償）」「損害賠償（＝慰藉料）」の3要素を含むとされていますが、実務上、財産分与の主眼が「清算」であることは明らかです。財産分与と慰藉料は二本立て（別立て）となっており、「扶養（補償）」は、財産分与の中では補充的なものとされているからです。
　清算的財産分与を算定するには、基準時（原則として「別居時」）に存在する夫婦の実質的共有財産＝財産分与の対象となる財産を確定・評価し、夫婦が財産形成に寄与・貢献した程度（寄与度）を評価して分与割合を決定し、

具体的分与額を算定するという方法をとります。

寄与度については、実務上、いわゆる「2分の1ルール」が定着しています。

2 分与対象財産の把握は当事者の責任

一方で、財産分与の対象となる財産（分与対象財産）の確定・評価は、当事者双方の主張・立証に委ねられています（当事者主義的運用）。そこで、財産分与の請求をする側が、財産分与の対象となり得る財産として何があるのか、その存在と内容を具体的に主張・立証しなければなりません。証拠となる資料を添付して具体的に主張できない財産（ex.「あるはずの財産」や「浪費された財産」）は、実務上存在しないものとして扱われます。

夫婦の一方（多くは夫）が財産管理を独占しており、他方（多くは夫）の財産についてはまったくわからない、相手の給与がいくらであるかほとんど知らない、というような家計管理を行っている場合には、相手の資産状況を他方が把握することは容易ではありません。分与対象財産の調査方法として、弁護士法による照会制度、調停・審判・裁判における調査嘱託制度などがありますが、相手の資産についてどこに何があるのか見当もつかないような場合には利用できません。

また、弁護士法による照会をかけても個人情報を理由として、あるいは相手の同意がないとして回答が得られない場合が多いのです。

調査嘱託は、離婚調停の段階では採用されないことが多く、相手から任意に財産開示をしてもらうという方法で調停の運用が行われていることから、財産の開示までに長時間を要し、相手が開示を拒めば財産の存在や内容を明らかにすることは難しいです。

3 同居中に相談を受けた場合

2で述べたことから、同居中に相談を受けた場合には、相手の資産状況についてできる限り情報を収集しておくことをアドバイスします。

◎離婚時年金分割制度の活用

> Q2：老齢期の妻から、「財産分与の対象財産は、夫が住んでいる家しかありません。財産分与を確保しないと老後の生活が不安です。早急に離婚し、新しい生活をスタートさせたいのですが」と相談された場合、どのように対応したらよいでしょうか。

|A| 　離婚時年金分割制度により、分割後の年金額が年間150万円くらいになる場合があります。婚姻期間が長く、すでに年金を受け取っている場合や、もうすぐ年金がもらえる年代の方が早期解決を望む場合には、年金分割制度を利用して、老後の生活保障を確保することができる場合があります。年金分割後の「年金見込額」を調査してみることをお勧めします。

1　「年金見込額」の調査

　財産分与をするためには、相手が住んでいる家を処分するほかない場合など、財産分与を確保して離婚を成立させるには時間がかかるのが通例です。
　あなたが早期解決を望むのであれば、離婚時年金分割制度を利用することをお勧めします。
　年金分割制度は、離婚時に、厚生年金額を算出する際の基礎となっている「保険料の納付記録」を分割する制度です（詳しくは第4章Q1）。年金分割によって分割を受けた側は、年金事務所を通じて自分の年金として分割を受けた年金を受領できます。年金分割の割合は、当事者双方の合意または家庭裁判所の審判等で定めることになっていますが（合意分割）、近時の家裁実務は按分割合を原則として「2分の1」としています。
　年金分割に際しては、これまでに納めた年金保険料の状況、離婚したとき

に支払われる年金額などの情報を正確に把握する必要があります（第4章Q3）。日本年金機構では「年金分割のための情報通知書」と、これに加えて50歳以上の方には「年金分割を行った場合の年金見込額のお知らせ」によって年金に関する情報の提供をしています。離婚前であれば、相手に知られずに情報を収集することができます（離婚後は、当事者の一方が単独で情報請求をしても、当事者双方に回答が通知されます）。

2　ワンストップサービス

　公務員、私学教職員について、被用者年金一元化法施行により、厚生年金と共済年金に分かれていた被用者年金制度が厚生年金に一元化されました。離婚時年金分割に関する情報提供や改定請求については「ワンストップサービス」の対象となり、日本年金機構（年金事務所など）で情報を入手することができるようになり、より簡便になりました。

　ただし、被用者年金一元化法施行後も、公務員、私学教職員については、国家公務員共済組合、地方公務員共済組合、私立学校振興・共済事業団等の各実施機関が記録の管理を行うことになっており、日本年金機構は、請求書の取り次ぎを行うだけなので、急ぐ場合は、直接各実施機関に情報提供の請求を行ったほうがよいでしょう。

　なお、厚生年金の報酬比例部分（2階部分）の分割なので、老齢基礎年金（1階部分）は分割の対象になりません。夫が自営業者で国民年金にしか加入していない場合には、年金分割はできませんので注意してください。

◎金額のアップ vs 解決のスピード

Q3：別居後に、自らが事業主となって開業資金として数千万円を借り入れている妻から、財産分与請求事件を依頼された場合にどのような点に注意したらよいでしょうか。

A　依頼者の状況に応じて金額のアップより解決のスピードを重視したほうがよい場合があります。借金がある場合は、示談もしくは調停による早期解決をめざし、訴訟に持ち込むかどうかは慎重に検討します。

1　金額のアップ

　財産分与の額をアップするためには、分与対象財産を把握する必要がありますが、相手が財産開示に協力しない場合、分与対象財産の一部しか把握できない場合があります（詳しくは第3章Q33）。離婚調停段階では調査嘱託手続が採用されないことが多いので、財産関係の全貌を把握したい場合には離婚訴訟を起こすしかありません。離婚訴訟における調査嘱託手続を通じて、相手の資産をある程度把握することができる場合がありますが、一方で、調査嘱託を互いにかけ合うと、資産の調査に時間がかかり、第1審判決が下されるまで2～3年を要することもあります。

2　解決のスピード

　借金を抱えている当事者にとって、解決までに長時間を要することは経済的にも精神的にも重い負担となります。財産分与を請求する側に借金がある場合には、ある程度の財産分与を確保して、すみやかに借金を返済して新しい生活をスタートさせたほうがよい場合もあります。

金額のアップかスピードか、いずれを重視するのか、依頼者の意向を踏まえて手続の選択を誤らないようにします。

ちなみに「裁判の迅速化に係る検証結果の発表（第7回）」（裁判所ホームページ→裁判所について→公表資料、2017（平成29）年7月公表）によれば、財産分与の申立てがある離婚事件の増加が人事訴訟の平均審理期間の長期化の要因となっており、財産分与の申立てがある離婚の訴えにおける平均審理期間は、判決で19.7か月、和解で14.9か月となっています。

このため紛争が複雑化・先鋭化する前に調停の段階で当事者双方に任意の財産開示を促すとともに、開示に応じなければ調査嘱託を行うなどして資料を収集・共有し、財産一覧表を作成することが、調停の充実にも調停が不成立となった後の離婚訴訟の充実・迅速化にも資する事案が少なくない等の意見が出されているところです。

◎感情（管理）労働

Q4：有責配偶者から離婚請求を受けた事案で、相手（夫）から相当額の財産分与の提案をされています。別居が長期に及んでおり、離婚が認められそうなのですが、本人（妻）は「離婚したくない」と言っている場合、どうしたらよいのでしょうか。

A　弁護士の仕事は「感情（管理）労働」の側面があります。依頼者の「表情」を読み、分析的理解を進めることが肝要です。

1　感情（管理）労働

　弁護士の判断と依頼者本人の意思が異なる場合があります。弁護士は、本人の行動や発言を表面的に受け止め、「困ったな」「苦手だな。嫌だな」「わからない人だ」と思ってしまいがちです。しかし、なぜ「別れたくない」「和解に応じられない」と言うのだろうか、弁護士の勧める方針を受け入れられないのはなぜか、何か理由があるのかもしれないと思い、依頼者の行動や言葉への関心をもち、依頼者の「表情」を読みながら、分析的理解を進めることで、相手の気持ちがわかり、共感をもってかかわることができるようになります。

　弁護士の仕事は、「自己や他者の感情管理を核心的もしくは重要な要素とする労働」、すなわち「感情（管理）労働」の側面を有しています。依頼者、そして自分自身の感情をコントロールすることが求められます。

2　事件の見通し、所用時間と費用を説明する

　具体的には依頼者が抱えている「悩み」「求めていること」は何か、依頼者が抱えている課題を探ります。病気による影響（うつ病、神経症など）、相

手(夫)に対する恐怖が与える影響、悲しみ・怒り・寂しさなどの精神的苦痛が与える影響、仕事がない、お金がない、住むところがないなどの経済的不安が与える影響を推察し、課題解決に向けてなすべきことは何なのか、本人と一緒に考えます。その際に、事件の見通し、おおよその結末とこれに要する時間や費用、手続の流れをできるかぎりわかりやすく、明確に説明します。そのうえで、本人の意向が「離婚したくない」という場合には、本人の意向に則った手続の進行を行います。

3　予備的財産分与の申立て

離婚訴訟になっている場合は、離婚が認められる場合に備えて予備的財産分与の申立てをすることができます。ただし、申立てをすると、裁判所に「本心では離婚に応じている」と受け止められるおそれがありますので、申立てをする際は慎重に行います(詳しくは、第3章Q4　3(3))。

◎メンタル不全への対応

> Q5：当事者が「死にたい」「不安でたまらない」などと訴えたり、表情が暗く、法的説明をしても頭に入らない様子なのですが、弁護士としてどのように対応したらよいでしょうか。

A　離婚事件の相談者には、うつ病を発症していたり、治療を受けないとうつ病を発症するおそれがある場合があります。精神科医を紹介するなど、専門医との連携が必要です。

　離婚や別居は、当事者に精神障害を発症させるような強いストレスを与える出来事です（厚生労働省「心理的負荷による精神障害の認定基準について」（平成23年12月26日基発1226第1号）の「業務以外の心理的負荷評価表」による）。
　とりわけ、離婚を請求されている側の心理的負荷は請求する側に比べて大きいといえましょう。相手の離婚請求に心も身体もついていけず、著しい精神的苦痛を蒙り、精神障害（うつ病）を発症するおそれがあります。
　また、相手から日常的な配偶者暴力（殴る、蹴るの身体的暴力や暴言などの心身に有害な影響を与える言動）によりうつ病を発症していたり、放置するとうつ病を発症するおそれがある場合があります。うつ病を発症すると、離婚するかどうかなどの大きな決断をすることができなくなります。
　弁護士は、相談者・依頼者の言動に気を配り、精神疾患を発症している、または発症するおそれが高い場合には、精神科医と連携をとり、本人には医師を紹介し、治療を受けることを勧めます。

◎一括解決の重要性と時効・相手の死亡

Q6：「離婚だけを先行させて、財産分与と年金分割は後で決めてもよいのでしょうか」と相談された場合の留意点を教えてください。

A　離婚、財産分与、離婚時年金分割は、一括解決するのが望ましいでしょう。老齢期女性の離婚の場合は、離婚と年金分割は必ず同時に行います。

1　一括解決のしくみ

　離婚が成立すると婚姻費用の支払義務は消滅します。一方で、財産分与や年金分割が決まらないと離婚後の生活に支障をきたす場合があります。
　従来、財産分与は離婚に伴う財産関係の清算であり、離婚と一括解決することが望ましいと考えられてきました。たとえば、人事訴訟法32条1項は、離婚訴訟を起こす際、財産分与に関する処分は、附帯処分についての裁判として訴訟において離婚と一括して処理することができると規定しています。財産分与の内容が、離婚（判決）判決の後に家事審判手続で決せられることになると、離婚に伴う重大な財産的事項について決定が遅れ、当事者にとっては不安定な状態が続くことになることから、財産分与は離婚と一括して処理されることが当事者の便宜にも適い、訴訟経済にも資すると考えられたからです。
　財産分与は、家事審判事項ですが、人事訴訟手続の中で離婚と一括して裁判をすることができるとされているのです。

2　財産分与・年金分割の時効

　財産分与請求の時効は離婚成立から2年と短く、離婚を先行させると、財

産分与の交渉中に時効期間を徒過し、権利を失うおそれもあります。年金分割も離婚後2年以内に年金事務所に改定請求を行わないと権利を失います。

3　相手の死亡と年金受給権の帰趨

　離婚時年金分割は、老後の生活保障にとって死活問題となる場合があります。老齢期の女性が離婚する場合、離婚時年金分割を行えば、自分の年金と併せて年間150万円くらいの年金が受給できる場合があり、これを確保できるかどうかは老後の生活に重大な影響を与えるからです。

　離婚成立後、離婚時年金分割の合意成立前／審判確定前に前夫が死亡すると、離婚時年金分割の改定請求はできなくなります。一方で、離婚前の死亡であれば、妻は「生計維持要件」を満たしていれば、遺族年金を受給することができますが、離婚後は遺族年金の受給はできません（詳しくは第4章Q13参照）。

　老齢期の女性の離婚の場合、年金受給権の帰趨に留意する必要があります。

　離婚時年金分割により受給する年金見込額を調査したうえで、年金分割により得られる年金額が相当の金額になる場合は、離婚と年金分割は必ず同時に行います。

◎協議離婚が先行する場合の留意点

> Q7：協議離婚した後に、財産分与、年金分割について相談された場合の留意点は何でしょうか。

A　財産分与の時効、年金分割の改定請求の期限を徒過しないよう留意します。

　財産分与の時効は離婚成立後2年であり、離婚時年金分割も離婚成立後2年を徒過すると、年金事務所への改定請求はできなくなります。

　協議離婚が成立した後、離婚成立後2年以内に年金分割の審判の申立てをして、離婚成立後2年経過後に審判が確定した場合は、審判確定後1か月以内に年金事務所に改定請求をしないと権利を失いますので留意してください（詳しくは第4章Q6）。

　近時、この1か月の期限を徒過して、年金分割により受給できるはずであった年金見込額を受給できなくなったとして、依頼者から損害賠償請求される事例が多発しています。弁護士自身が請求期限を認識していなかったため調停調書や審判書の依頼者への交付が遅れたり、依頼者に1か月の期限を説明しなかったりすることが弁護士の過失としてその責任を問われます。

　賠償額も2000万円に上る場合がありますので、十分注意してください（詳しくは第4章Q12）。

◎協議離婚無効を争う場合の留意点

Q8：協議離婚無効を争っている場合、どのようなことに留意したらよいでしょうか。

A　離婚してもよいという場合には、財産分与や離婚時年金分割の時効を徒過しないように気をつけます。

相手が勝手に離婚届を出した場合、協議離婚の無効を主張して調停を申し立てることになります。争っているうちに「こんな相手とは離婚してもよい」と思う場合があります。この場合、離婚自体の成否を争うことを止めることになります。

協議離婚の成否を争っている間に、離婚の届出を出されてから2年近く経っている場合があります。財産分与や年金分割を請求できる事案では財産分与や年金分割の時効に留意し、すでに2年を経過している場合、あるいは目前に2年の時効が迫っている場合には協議離婚無効を確定させたうえで、あらためて離婚を成立させ財産分与・年金分割を請求します。

時効成立まで時間的余裕がある場合には離婚を有効とし、ただちに財産分与、年金分割の審判を申し立てて、時効を徒過しないよう気をつけます。

◎電話会議・テレビ会議システムの活用

Q9：単身赴任中の夫に「好きな人ができたので離婚してほしい。財産分与も慰藉料も払うつもりがない」と言われ困惑している妻から相談を受けました。
　　妻の代理人として家庭裁判所に離婚調停を申し立てようと考えていますが、遠方の裁判所まで出向くお金も時間もない場合、どのように対応したらよいでしょうか。

A　電話会議・テレビ会議システムを利用して離婚調停を行うことができます。離婚の合意が成立すれば「調停に代わる審判」により離婚することができます。

　離婚調停事件は、相手方の住所地を管轄する家庭裁判所の管轄に属します（家事事件手続法245条1項）。夫が遠隔地に住んでいる場合、遠方の裁判所に離婚調停を申し立てなければなりません。遠方の裁判所に出頭して調停を行うことは、当事者にとって経済的にも時間的にも負担が重く、従来は調停の申立てをためらうことが多かったのです。家事事件手続法は、国民にとって利用しやすい家事事件手続を実現するため、家事審判・調停の手続に電話会議・テレビ会議システムを導入しました。
　すなわち、家事事件手続法施行により、当事者が遠隔地に居住しているときは、家事審判・家事調停について、電話会議・テレビ会議システムの方法により審判・調停の手続を行うことができるようになりました（家事事件手続法54条・258条）。実際に、遠隔地に住んでいる当事者間の離婚調停において、電話会議・テレビ会議システムの方法による離婚調停が行われています。
　電話会議システムは、通常、相手が本人であることを確認する必要がある

ことから、代理人弁護士が就いている事件について、法律事務所との間で行うことになっており、代理人が就いていない事件について電話会議システムの方法によることはできません。

　一方、テレビ会議システムについては、当事者がテレビ会議システムのある最寄りの裁判所に出頭して行うことができるので、代理人弁護士が就いていない場合でも利用できます。

　電話会議・テレビ会議システムの方法により調停期日が実施され、当事者間に離婚の合意が成立した場合は、「調停に代わる審判」により審判離婚をする方法がとられています（第1章7(3)参照）。

　従来、テレビ会議システムが利用できない家庭裁判所支部がありましたが、2018（平成30）年4月以降、全国の地方裁判所本庁・支部および一部の簡易裁判所にネットワーク回線網が整備され（2016（平成28）年改正刑事訴訟法157条の6第2項による同一構内以外におけるビデオリンク方式による証人尋問実施のための環境整備）、家事事件手続にも回線網が利用できることになっています。

　これにより全国の家庭裁判所支部においてテレビ会議システムが利用できるようになります。今後の利用が期待されます。

　ちなみに、2017（平成29）年10月1日から、小笠原村役場の会議室に出頭した当事者について、テレビ会議システムを利用して、東京家庭裁判所の家事調停・家事審判手続を実施することができるようになりました。

第3章
財産分与の法と実務

◎財産分与とは何か

Q1：財産分与とはどのような制度ですか。

A　離婚にあたり、夫婦一方から他方になされる財産上の給付であり、これによって当事者間の衡平が図られ、かつ経済力の弱い方の離婚後の生活の安定がある程度可能になる制度です。

1　夫婦財産の制度

　婚姻の解消時には夫婦財産の清算が必要となります。離婚時に行われるのが財産分与、死亡時に行われるのが配偶者相続です。

　夫婦の財産関係に関する制度についてみると、日本の法制度は「夫婦別産制」を採用しており、「婚姻中自己の名で得た財産」は、特有財産（民法762条1項）とされ、「夫婦のいずれに属するか明らかでない財産」について共有の推定がなされるにすぎません（同条2項）。国によっては、結婚した以上は一定の範囲で夫婦の財産は共有とする制度をもっているところもあります。夫婦の財産関係が完全な別産制であれば、婚姻の解消時＝離婚時・死亡時に財産の清算は必要ありませんが、実際上は財産分与と配偶者相続権の2

47

つの方法で財産関係の清算がなされています。これを考慮に入れると、日本の制度は「潜在的（実質的）共有制」であるといわれることがあります。婚姻継続中は別産だが、解消時にはあたかも共有制であったかのような処理がなされるのです。

2　財産分与とは

　財産分与も配偶者相続権も、戦前には存在しない制度であり、1947（昭和22）年の民法改正により導入されたものです。
　民法768条は以下のように定めています。

民法768条
1項　協議上の離婚をした者の一方は、相手方に対して財産の分与を請求することができる。
2項　前項の規定による財産の分与について、当事者間に協議が調わないとき、又は協議をすることができないときは、当事者は、家庭裁判所に対して協議に代わる処分を請求することができる。ただし、離婚の時から2年を経過したときは、この限りでない。
3項　前項の場合には、家庭裁判所は、当事者双方がその協力によって得た財産の額その他一切の事情を考慮して、分与をさせるべきかどうか並びに分与の額及び方法を定める。

　裁判離婚の場合も、この規定が準用されます（民法771条、人事訴訟法37条1項、附帯処分）。

3　財産分与と「夫婦別産制」

　財産分与は戦後新設された制度ですが、そのルーツは戦前の「離婚に因る扶養」にあります。「大正要綱」と呼ばれる大正14年の臨時法制審議会決議には、「離婚の場合に於いて配偶者の一方が将来生計に窮すると認むべきときは、相手方は原則として扶養をなすことを要するものとし、扶養の方法及

び金額に関し当事者の協議調わざるときは家事裁判所の決するところによるものとす」（第17）という項目がありました。

戦後の民法改正にあたって、当初の草案は「離婚したる者の一方は、相手に対し、相当の生計を維持するに足るべき財産を請求することを得る」とし、その額を決定する基準としては、「当事者双方の資力その他一切の事情を斟酌する」という規定になっていました。ところが、GHQの要請や婦人委員の主張により、財産分与の規定の文言は「相当の生計を維持するに足るべき財産」が「財産」に変更され、「当事者双方の資力その他一切の事情」が「当事者双方がその協力によって得た財産額その他一切の事情」へと変更されました。このような文言の変更は、「夫婦が婚姻中に取得した財産は夫婦の協力によって得たものであるから、実質的に共有である。したがって、財産分与の際に清算されるべきである」とする「清算」という概念によってもたらされたものです。財産分与に夫婦財産の「清算」の意味が与えられたいきさつは、「夫婦別産制」と密接な関連があります。

「夫婦別産制」には、夫婦の形式的平等は実現されるが、夫の所得に対する妻の家事能力が評価されず、現実に妻が財産を所有する途が閉ざされて不平等であるとの批判があり、戦後の民法改正にあたり、婚姻中夫婦の協力で得た財産は夫婦の共同財産とすべきであるとの「所得共同制」の主張がなされました。これに対し、新民法は、婚姻中の協力については婚姻解消の際の財産分与あるいは配偶者相続権によって考慮すれば足りるとして「所得共同制」の主張を退け、「夫婦別産制」を採用しました。

以上の経過の中で、新民法の財産分与の焦点は、救貧的な離婚後の「扶養」から、夫婦財産の「清算」に移されることになりました。GHQ側は、さらに、清算の基準として夫婦平等の「2分の1ルール」を盛り込むよう要求しましたが、日本側から、財産分与には「扶養」「損害賠償」などの要素も含まれるとして、これに強く抵抗し、結局「2分の1ルール」の採用が見送られたという経緯があります。財産分与は、「清算」という要素の他に、「扶養」「損害賠償」等という要素を含む包括的・複雑な「離婚給付」として

スタートすることになりました。

4　財産分与制度の意義

　財産分与とは、離婚にあたり、一方配偶者から他方になされる財産上の給付をいい、その内容は「清算」「扶養（補償）」「損害賠償」の3要素を含むとされています。

① 清　算

　　夫婦別産制の下で、婚姻中の夫婦の協力によって得られた一方名義の財産は、実質的に共有の財産というべきであり、離婚の際にこれを公平の観点から「清算」すべきであるということです。

② 扶　養

　　「扶養」とは、離婚後、一方配偶者がただちに生活困窮に陥る場合における元配偶者の扶養をいい、「清算」「損害賠償」と比して補充的なものとされてきました。

③ 損害賠償

　　「損害賠償」とは、相手方の有責行為によって離婚のやむなきに至ったこと自体を理由とする離婚そのものに対する精神上ないし生活上の損害賠償、すなわち慰藉料のことです。これは離婚自体の慰藉料であり、一方配偶者の暴行、侮辱などのような、個別の行為が不法行為になる場合の慰藉料は、財産分与の内容には含まれません。

5　財産分与と慰藉料

　財産分与に「清算」「扶養」の要素が含まれることについて争いはありませんが、「損害賠償が含まれるのか否か」については、戦後、学説の対立がありました。

　財産分与は離婚そのものを原因として生じる不利益のすべてを救済することを目的とするものであり、財産分与は慰藉料の要素を含む包括的離婚給付であるとする考え方（包括説）によれば、慰藉料の問題も財産分与の形での

み取り上げることができ、財産分与とは別途慰藉料を認める余地はありません。

一方で、財産分与は慰藉料とは別個のものであるとして、財産分与を限定的に把握する考え方（限定説）によれば、慰藉料はもっぱら別途の民事訴訟によって請求されることになり、財産分与に慰藉料は含まれないことになります。

最高裁判所は、財産分与と慰藉料の関係についていわば両説を折衷するような以下のような判例理論を立て、この問題は決着をみています。すなわち、財産分与は「清算」「扶養」を含み、有責性を前提とする「慰藉料」とは性質を異にするが、財産分与の決定においては、一切の事情として「慰藉料」を含めることができるとしています（最二小判昭46・7・23民集25巻5号805頁）。

離婚訴訟の際は、財産分与と慰藉料は併合請求できるとされており（人事訴訟法17条）、実務上は財産分与と慰藉料は二本立てとして併合請求することが一般的です。

6　民法改正要綱（1996（平成8）年）

新民法が制定されて財産分与の制度がスタートした後も慰藉料が離婚給付の主役となっていましたが、高度成長期以降、夫婦の間で分与すべき財産が蓄積されるようになると、次第に、婚姻中に形成された財産の清算というファクターを重視する財産分与（清算的財産分与）が離婚給付の中心的役割を果たすようになります。

民法改正要綱（1996（平成8）年）は、財産分与についていわゆる「2分の1ルール」を導入すると同時に、破綻主義の徹底に伴い、離婚後の生活保障を充実させる必要があるとして、離婚後の「扶養」ないし「補償」としての財産分与を強化する提案をしています。

> **民法改正要綱（1996（平成8）年2月）**
>
> 第六　協議上の離婚＊
>
> 二　財産分与
>
> 1　協議上の離婚をした者の一方は、相手方に対して財産の分与を請求することができるものとする。
>
> 2　（略）
>
> 3　家庭裁判所は、離婚後の当事者間の財産上の衡平を図るため、当事者双方がその協力によって取得し、又は維持した財産の額及びその取得又は維持についての各当事者の寄与の程度、婚姻の期間、婚姻中の生活水準、婚姻中の協力及び扶助の状況、各当事者の年齢、心身の状況、職業及び収入その他一切の事情を考慮し、分与させるべきかどうか並びに分与の額及び方法を定めるものとする。
>
> 　この場合において、当事者双方がその協力により財産を取得し、又は維持するについての各当事者の寄与の程度は、その異なることが明らかでないときは、相等しいものとする。
>
> 　　　　　　　　　　　　　　　　　　　＊裁判離婚に準用される。

　民法改正要綱決定後の実務の動向をみると、「2分の1ルール」が財産分与の基準として浸透し、これによって財産分与の充実が図られつつあります。

　一方で、2000年代以降に始まる子の養育費についての制度の拡充（いわゆる算定表にもとづく調停・審判による簡易迅速な決定、民事執行法の改正による履行確保、民法766条1項改正（2012（平成24）年施行）による「子の監護に要する費用の分担」の明文化）、離婚時年金分割制度（2007（平成19）年施行）の導入による高齢女性の老後の生活保障が、離婚後の扶養と同様の機能を果たすものとなっていることが注目されます。

◎財産分与制度の特徴

Q2：現行の財産分与制度の特徴は何でしょうか。

A　包括性の高い制度であり、柔軟な運用により紛争の一回的解決を可能にするものですが、分与額、分与の方法、分与の割合など、財産分与給付の内容は裁判官の幅広い裁量に委ねられており、基準が不明確で予測可能性の低い制度であるといえます。

1　規定の抽象性、概括性

　民法768条は、「協議上の離婚をした者の一方は、相手方に対して財産の分与を請求することができる」と定めていますが、具体的な権利内容の明示がありません。具体的な財産分与請求権は、当事者間の協議（調停）もしくはこれに代わる家庭裁判所の処分（審判、離婚訴訟における附帯処分）により具体的な内容が確定することになっています。財産分与請求権の権利の性質について判例は、一個の私権たる性格を有するものではあるが、具体的な財産分与請求権は、協議や審判によってはじめて形成されるものであるとしています（最二小判昭55・7・11民集34巻4号628頁）。財産分与を受けるべき者（権利者）が財産分与請求権を保全するために、財産分与義務者の有する権利を代位行使することができるかが問題となった事案（債権者代位権）で、最高裁判所は、財産分与請求権は協議や審判によってその内容が確定するまでは被保全債権とはならないと判断しました。

2　基準の不明確性（分与額、方法、割合等）

　民法768条3項は、審判における考慮事情として、「当事者双方がその協力によって得た財産の額その他一切の事情」をあげており、財産分与の内容や

その基準は判例や学説による法解釈によることになります。

財産分与の内容について、判例・学説は、①実質的共有財産の清算、②扶養、③損害賠償の3要素を含むとしています（Q1）。さらに、**最三小判昭53・11・14民集32巻8号1529頁**は、過去の婚姻費用の清算も含めることができると解しています。

財産分与制度はこのように包括性の高い制度となっていることから、柔軟な運用と紛争の一回的解決を可能にするものでありますが、分与額、分与の方法、分与の割合などの財産分与給付の内容は裁判官の裁量に委ねられ、裁判所の判断内容も事案に応じて多岐にわたっていることから、基準が不明確であり、予測可能性が低い制度になっているといわざるをえません。財産分与については、給付内容を明確化し、予測可能性を高めることが課題となっています。

3　立法提案と家裁実務

立法の提案として、大村教授は、夫婦財産制および財産分与規定の改正案を示しています。その内容は、①後得財産分配制と呼ばれる夫婦財産制を導入し、夫婦別産制を前提にしつつ、婚姻後に取得した財産を離婚時に当事者間に平等に分配すること（2分の1ルールは貢献の度合いの推定ではなく、原理的な割合とされる）、②夫婦財産の清算とは別に「離婚により当事者間に生じる生活水準の不均衡の緩和を図るため」の財産分与を認めること、です。ここで、財産分与請求権の性格は、扶養的（補償的）な側面のみを残すことを提案しています（大村敦志「婚姻法・離婚法」ジュリ1384号6頁以下および大村47頁以下）。

実務上は、財産分与の中核を占める清算的財産分与についてその判断枠組みを明らかにし、スタンダードな基準を形成していこうとする努力が、裁判所および弁護士・当事者によって行われており、ルールが形成される途上にあるといえましょう。

◎調停・裁判における財産分与の現状

Q3：財産分与の実情はどのようなものですか。

A　全国の家庭裁判所において、離婚調停が成立した事件で財産分与の取り決めがあったのは約３割であり、そのうち約４割が200万円以下となっており、依然として低い水準にとどまっているといわざるをえません。

1　協議離婚の場合

財産分与の額に関する統計資料がなく実情はわかりません。

2　調停離婚の場合

2015（平成27）年「離婚」の調停成立または、調停に代わる審判成立事件（２万6648件）のうち、財産分与の取り決めがあった件数は7875件（29.6％）でした。支払金額は100万円以下が27％、100万円を超え200万円以下が13％、200万円を超え400万円以下が13％、400万円を超え600万円以下が８％、600万円を超え1000万円以下10％となっています。約４割の事件で200万円以下となっています（以上、最高裁判所ホームページ＞司法統計＞家事事件編、平成27年、第27表・第28表）。

3　裁判離婚の場合

全国的な統計はありません。東京家庭裁判所の2004（平成16）年４月１日〜2010（平成22）年３月31日まで既済となった離婚事件に関する分析結果によれば、財産分与について認める旨の判断がなされたもの、もしくは、分与する旨の合意がなされた事件における認容等の金額は以下のとおりです。

100万円以下が11％、100万円を超え200万円以下が12％、200万円を超え300万円以下が12％、300万円を超え400万円以下が8％、400万円を超え500万円以下が8％となっています。約半数の事件で500万円を超えています。500万円を超え1000万円以下が19％となっており1000万円超えも29％あります。

裁判所の所在する地域により金額に差がある可能性があり、単純に比較す

〔図表3－1〕 調停離婚の場合

離婚が成立または調停に代わる審判が成立した件数	総数	うち 財産分与の取り決めがあった件数							
		支払金額100万円以下	100万円を超え200万円以下	200万円を超え400万円以下	400万円を超え600万円以下	600万円を超え1000万円以下	2000万円以下	2000万円超え	算定不能・総額が決まらず
26,648	7,875	2,155 (28%)	1,020 (13%)	1,038 (13%)	612 (8%)	780 (10%)	583 (7%)	247 (3%)	1440 (18%)

調停・財産分与支払金額

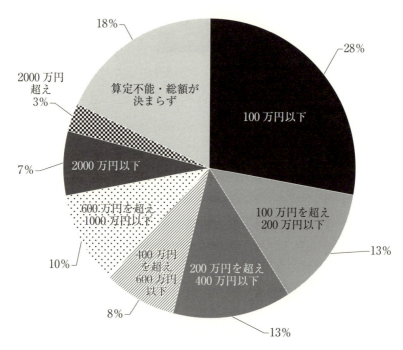

ることはできませんが、調停などの双方の合意による解決よりも、裁判所の決定によるほうが金額が高くなっているといえましょうか（以上、東京家裁審理）。

〔図表３－２〕 裁判離婚の場合

財産分与が認められた件数							
総数	支払金額100万円以下	100万円を超え200万円以下	200万円を超え300万円以下	300万円を超え400万円以下	400万円を超え500万円以下	500万円を超え1000万円以下	1000万円超え
473	53	60	58	40	39	91	132
（その他を含まず）	(11%)	(13%)	(12%)	(8 %)	(8 %)	(19%)	(29%)

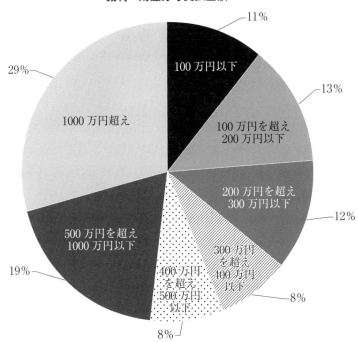

裁判・財産分与支払金額

◎財産分与請求手続

Q4：財産分与を請求する手続には、どのようなものがありますか。財産分与義務者からの申立てや予備的申立ては認められますか。

A　離婚の種別や、請求が離婚前なのか離婚後なのか、によって手続が異なります。

　財産分与義務者からの申立ては認められませんが、予備的財産分与の申立ては認められます。

　協議離婚の場合、当事者の協議で決めることになりますが、協議が調わないか、協議ができないときは、離婚後2年以内であれば家庭裁判所に審判・調停を申し立てることができます。

　離婚と同時に決めたい場合には、離婚調停に附随して財産分与の申立てをすることができます。離婚の訴えを起こすときは、附帯処分として請求することになります。

1　協議離婚の場合

　協議離婚の場合には、離婚した夫婦のいずれが財産分与をなすべきかの点と、分与額、分与の方法は、当事者の協議によって決められます。協議が調わないか、協議をすることができないときは、家庭裁判所の調停（家事事件手続法244条による調停事項）または審判（同法別表第2第4項の審判事項）によって定められます（民法768条2項）。いきなり審判の申立てをしても、調停に付されることになります（家事事件手続法274条による付調停）。

　申立てができるのは、離婚後2年以内となっています。離婚後の審判・調停の申立てはほとんど行われていません（2015（平成27）年：審判397件、調停1701件。別表第2審判事件、同調停事件申立件数の各々2％ほど／平成27年度

司法統計家事事件編第3表、第4表）。財産分与は離婚と同時に一括請求されることが多いからだと思われます。

2　調停離婚の場合

　離婚調停を申し立てる際には、附随的申立てとして離婚と併せて財産分与の請求をすることができます。離婚に附随して財産分与の申立てをしている場合に、離婚については当事者が合意しているが、財産分与が主要な争点となっている場合、調停離婚だけを成立させると、財産分与について当然に審判に移行することはありません。この場合には、あらためて財産分与審判（調停）の申立てをする必要があります。

　離婚に伴う財産関係の清算という意味を有する財産分与は、離婚と一括して解決することが望ましいので、このような場合には離婚調停を不成立にて終了させ、離婚訴訟を提起して、裁判所の判断を求めることになります。

3　裁判（判決）離婚の場合

　離婚訴訟を起こす際には、財産分与に関する処分は附帯処分についての裁判として、訴訟において離婚と一括して処理されます（人事訴訟法32条1項）。財産分与の内容が、離婚判決の後に家事審判手続で具体的に決せられることになると、離婚に伴う財産的事項についての決定が遅くなり、当事者にとっては不安定な状態が続くことになります。離婚と一括して処理されることが当事者の便宜にもかない、訴訟経済にも資することになることから、本来は家事審判事項ですが、人事訴訟の中で併せて裁判をすることができるとされています。

(1)　額や方法を特定する必要はない

　申立てに際しては、額や方法を特定する必要はないとされています（最二小判昭41・7・15民集20巻6号1197頁）。人事訴訟規則19条2項は、離婚訴訟の附帯処分として財産分与を申し立てる場合には、申立ての趣旨、証拠とな

るべき文書の写しで重要なものを添付しなければならないとしています。しかし、相手方が財産関係の資料を開示しない場合には、訴えの提起の時点でこれを明示して財産分与の申立てをすることはできません。離婚訴訟の附帯処分とされても、家事審判事項であることには変わりがなく、処分権主義は適用されないので、当事者の申立てに拘束力はありません。民事訴訟とは「申立ての趣旨」を記載する意味が異なっている点に留意する必要があります。

調査嘱託をして財産分与の対象財産が明確になる場合も多く、訴えの提起の時点では「相当額の財産分与を求める」と記載する以外ない場合もあります。

(2) 財産分与義務者からの申立て

有責配偶者からの離婚請求の事案などで、離婚を請求する原告が「財産分与をするので離婚を認めてほしい」として財産分与の申立てをすることがありますが、裁判例はこのような申立てを認めていません（**大阪高判平4・5・26判タ797号253頁**）。

その理由は、①財産分与の申立ては、財産分与請求権の具体的内容の形成を求めるものであるから、財産分与を請求する者を申立権者として予定しているものと解するのが相当であること、②相手方が予備的に財産分与の申立てをしない場合には、裁判所が分与の対象となる財産の内容、総額や財産の形成・維持に対する当事者の貢献の内容について、相手方からの積極的な主張・立証を期待することはできないこと、③裁判所が職権でこれらの事情を探索することにも限界があり、困難であること、④主として財産分与の義務を負う有責配偶者の主張・立証事実に基づいて決定せざるをえないが、義務者が権利者のために十分な主張・立証をすることが期待できないからです。

(3) 予備的財産分与の申立て

有責配偶者からの離婚請求をされた被告が反訴を出すと、離婚が認容され

ることになるので、離婚の反訴は行わない（自ら離婚請求をしない）が、相手からの離婚が認容される場合に備えて財産分与の申立てをすること（予備的財産分与の申立て）は認められています。訴訟経済に資するというのがその理由です。「本心では離婚に同意している」と受け止められるおそれがありますので、「離婚もやむを得ない。後日財産分与の審判・調停を行うのは大変なので離婚が認められるなら財産関係の清算も併せてしてほしい」という場合に行うのがよいでしょう。

(4) 予備的反訴を申し立てる場合

有責配偶者の離婚請求が認容されるおそれがある場合に、離婚の請求棄却を求めつつ、離婚請求が認容されることを前提として予備的に財産分与の申立てをする場合には、一般的には離婚慰藉料をあわせて請求するのが通例であり、この場合には、予備的反訴を提起します（【書式例1】）。

【書式例1】　予備的反訴状

予備的反訴状

平成30年○○月○○日

○○家庭裁判所　御中

　　　　　　　　　　　　反訴原告訴訟代理人弁護士　○　○　○　○　㊞

〒○○○－○○○○　○○県○○市
　　　　　　　　　反訴原告（本訴被告）○　○　○　○
〒○○○－○○○○　○○県○○市
　　　　　　　　　○○法律事務所（送達場所）
　　　　　　　　　同訴訟代理人弁護士　　○　○　○　○
　　　　　　　　　　　　　　　　　　　　電　話　000－000－0000
　　　　　　　　　　　　　　　　　　　　FAX　000－000－0000

〒○○○－○○○○　○○県○○市

第3章　財産分与の法と実務

　　　　　　　　　　反訴被告（本訴原告）○　○　○
離婚等反訴請求事件
　　訴訟物の価額　　　○○○万円
　　貼用印紙額　○万○○○○円

　本訴事件（平成30年（家ホ）第○○○号離婚等請求事件）について、反訴原告（本訴被告）は、本訴答弁書「請求の趣旨に対する答弁」に記載したとおり、反訴被告（本訴原告）の請求の棄却を求めるものであるが、反訴被告（本訴原告）の離婚請求が認容されることを前提として、反訴被告（本訴原告）に対し、以下のとおり予備的反訴の提起および附帯請求の予備的申立てをする。

第1　反訴等請求の趣旨
　1　反訴被告（本訴原告）は、反訴原告（本訴被告）に対し、金500万円およびこれに対する本訴状送達の日から支払い済みに至るまで年5分の割合による金員を支払え。
　2　反訴被告（本訴原告）は、反訴原告（本訴被告）に対し、相当額の財産分与をせよ。
　3　反訴原告（本訴被告）と反訴被告（本訴原告）との間の別紙年金分割のための情報通知書記載の情報にかかる年金分割についての請求すべき按分割合を0.5と定める。
　4　訴訟費用は、反訴被告（本訴原告）の負担とする。
との判決を求める。

第2　請求の原因
　1　現状に至った原因・離婚慰藉料
　　　反訴原告（本訴被告）と反訴被告（本訴原告）が現状に至ったのは、反訴被告（本訴原告）が、配偶者であり、家族内において弱い立場にある反訴原告（本訴被告）の心身・経済面を顧慮すべきところ、これをせず、さらに反訴被告（本訴原告）家族との関係調整に努力すべきをまったくせず、反訴原告（本訴被告）が排除されるに任せていたためであり、その責任はもっぱら反訴被告（本訴原告）にある。
　　　反訴原告（本訴被告）は、反訴被告（本訴原告）が、反訴原告（本訴

被告）に向き合い、共に家庭生活を築くよう態度を改めるならば、婚姻生活をやり直すことも可能と考えているが、仮に、反訴被告（本訴原告）の離婚請求が認められ、上記のように排除されたまま離婚するという事態に至るならば、これにより反訴原告（本訴被告）の受ける精神的苦痛は甚大である。

2　財産分与

　反訴被告（本訴原告）は、同居中、反訴原告（本訴被告）に所得の内、ごく一部だけしか交付せず、また、所得の支出状況、預貯金の状況などはまったく教えなかった。

　反訴被告（本訴原告）は、反訴原告（本訴被告）に、「保険に加入している」という話をしたことはあるが、その内容、解約の有無・時期、返戻金額等については説明していない。

　反訴原告（本訴被告）の国民年金も全額滞納のままにされている。

　以上より、反訴被告（本訴原告）は反訴原告（本訴被告）に対し、婚姻中から別居時の反訴被告（本訴原告）名義のすべての預貯金口座の明細、契約していた保険の内容を開示し、仮に反訴被告（本訴原告）の離婚請求が認容された場合には、相当額の財産分与をするよう求める。

3　年金分割

　反訴原告（本訴被告）と反訴被告（本訴原告）との間の別紙年金分割のための情報通知書記載の情報にかかる年金分割についての請求すべき按分割合を0.5と定めることを求める。

付属書類

　1　反訴状副本　1通

以　　上

第3章 財産分与の法と実務

◎財産分与の決定方法

Q5：清算的財産分与決定はどのように行うのですか。

A　①財産分与の対象となる財産の確定・評価→②分与割合（貢献度・寄与度）の認定→③具体的な取得分額の算定→④分与方法の決定というプロセスを経て決定されます。

　清算的財産分与は、①「基準時」（原則として別居時、Q8）に存在する夫婦の実質的共有財産、すなわち財産分与の対象となる財産（＝分与対象財産）を確定・評価し、②夫婦が財産形成に寄与・貢献した程度（＝具体的寄与度）を評価して分与割合を決定します。具体的寄与度の認定については、実務上はいわゆる「2分の1ルール」が定着をみており、原則として2分の1が認定されます。以上により算出された具体的取得分額を金銭の一括払いで分与するのが原則です。
　財産分与に関する処分については当事者主義的運用がなされており、分与対象財産の範囲やその取得に向けた寄与・貢献の程度に関しては、当事者双方の主張・立証に委ねることで十分とされています。離婚裁判では、原告・被告双方が、①まず、財産分与の対象となり得る財産として何があるかを明らかにする、②そのうえで、財産分与の対象となるものとならないもの（特有財産、固有財産）について主張があれば、その旨の主張をする。③次いで、財産形成についての寄与・貢献の程度を主張するという手順で主張を整理しています。実務上は、財産分与の主張整理のため、東京家庭裁判所の婚姻関係財産一覧表（Q6〈資料①〉参照）が利用されます。
　このように、財産分与を主張する者が財産分与の対象となる財産を特定しなければなりません。対象財産の存在およびその内容については、分与を請求する側に事実上の主張・立証責任があります。夫婦であっても財産管理を

任せきりにしたり、相手が結婚当初から財産管理を独占していたので、相手の給与額がいくらであるかもわからないような婚姻生活を送っている場合には、相手の資産状況を把握することは容易ではありません。

　分与対象財産の調査方法としては、①弁護士法による照会制度（弁護士法23条の2）、②離婚調停、財産分与審判手続における調査嘱託（家事事件手続法258条1項）、③人事訴訟における調査嘱託（民事訴訟法186条）、文書送付嘱託（同法226条）、文書提出命令（同法223条）の各制度がありますが、いまだ十分な制度とはいいがたい現状にあります（Q33）。

　財産分与の額を増やすためには、財産分与の対象財産の把握がすべてといっても過言ではありません（パイを増やす！）。財産分与の審理では、分与対象財産の範囲の確定に時間がかかり、審理が長引く大きな要因となっています。公正な財産分与を実現するために対象財産の範囲を適正に確定する必要があります。諸外国で採用されているような財産開示制度を導入することが、今後の課題であるといえましょう。

◎「婚姻関係財産一覧表」(東京家裁方式)による財産分与算出の基本的考え方

Q6：「婚姻関係財産一覧表」(東京家裁方式)による財産分与算出の基本的な考え方とはどのようなものでしょうか。

A　夫婦双方の資産の総額から負債の総額を控除して、これを２分の１ずつに分割するという考え方です。分与時に清算されるべき財産は別居時に存在する積極財産であり、それがない場合は清算すべき対象財産がないという考え方に立っています。そこで、双方の負債の総額が資産を上回る場合には、清算的財産分与は行わないという立場です。

婚姻関係財産一覧表（以下、「一覧表」という）（〈資料①〉参照）による財産分与の計算式は、以下のとおりです（東京家裁審理50頁）。

〈計算式〉
〔(被告(夫)名義資産＋原告(妻)名義資産)−(被告名義負債＋原告名義負債)〕÷２−(原告名義資産−原告名義負債)

　財産分与制度は、積極財産の清算と理解されており、債務超過の場合に債務の負担が命じられることはほとんどありません（秋武299頁）。一覧表もこの考え方に従っています。
　ちなみに、財産分与判決や審判で、債務自体を他方の当事者に負担させるような裁判をしても、第三者である債権者にはその効力が及ばないことから、債権者はあくまで契約上の債務者に債権を行使することができます。
　清算的財産分与は、夫婦双方の積極財産が夫婦双方の消極財産を超える場

Q6 「婚姻関係財産一覧表」(東京家裁方式)による財産分与算出の基本的考え方

合に限り行われるものなのです。

〈資料①〉 婚姻関係財産一覧表

平成○○年(家ホ)第○○号　　　　　　　　　　　　　　　　　　　　　　　(別紙)
婚姻関係財産一覧表(ひな形)
平成○○年○月○日　○○作成

原告名義の資産・負債(基準時・平成○○年○○月○○日)

番号	項目	原告主張額	証拠	被告主張額	証拠	備考
1	不動産					
1-1	(不動産の地番等を記載)	(現在の時価額を記載)		(左と同じ。以下同じ)		(特有財産の主張等、特記事項を記載)
1-2						
2	預貯金					
	金融機関名	種目・口座番号				
2-1	(銀行・支店名等を記載)	(預貯金の種類・口座番号を記載)	(基準時の残高を記載)			
2-2						
3	生命保険					
	保険会社	種別・証券番号				
3-1	(保険会社名を記載)	(保険の種類・証券番号を記載)	(基準時の解約返戻金相当額を記載)			
4	退職金					
4-1	(会社名、入社年月を記載)		(基準時における退職金額を同居期間で按分した額等を記載)			
5	株式					
	銘柄	数量				
5-1	(銘柄を記載)	(株数を記載)	(現在の時価を記載)			
6	負債					
	金融機関名					
6-1	(銀行・支店名等を記載)	(住宅ローンについては、不動産との関連を明記)	(基準時の残高をマイナス符号をつけて記載)			
	原告名義の資産・負債の合計		¥0		¥0	

被告名義の資産・負債(基準時・平成○○年○○月○○日)

番号	項目	原告主張額	証拠	被告主張額	証拠	備考
1	不動産					
1-1	(不動産の地番等を記載)	(現在の時価額を記載)				(特有財産の主張等、特記事項を記載)
1-2						
2	預貯金					
	金融機関名	種目・口座番号				
2-1	(銀行・支店名等を記載)	(預貯金の種類・口座番号を記載)	(基準時の残高を記載)			
2-2						

3		生命保険						
	保険会社	種別・証券番号						
3-1	(保険会社名を記載)	(保険の種類・証券番号を記載)	(基準時の解約返戻金相当額を記載)					

4		退職金						
4-1	(会社名、入社年月を記載)		(基準時における退職金額を同居期間で按分した額等を記載)					

5		株式						
	銘柄	数量						
5-1	(銘柄を記載)	(株数を記載)	(現在の時価を記載)					

6		負債						
	金融機関名							
6-1	(銀行・支店名等を記載)	(住宅ローンについては、不動産との関連を明記)	(基準時の残高をマイナス符号をつけて記載)					
被告名義の資産・負債の合計				¥0		¥0		
原告名義・被告名義の資産・負債の合計				¥0		¥0		

家庭裁判所ホームページ　人事訴訟事件の進行に応じて提出する書面の書式等

◎財産分与の対象財産の範囲

> Q7：清算的財産分与の対象財産の範囲はどのように考えたらよいのでしょうか。

A　判例は、清算的財産分与を「夫婦が婚姻中に有していた実質上共同の財産を清算分配」するものとしています（最二小判昭46・7・23民集25巻5号805頁）。

　清算的財産分与とは、婚姻中夫婦の協力により取得・形成した実質的共有財産を清算するものです。民法768条3項は家庭裁判所が財産分与を決定するにあたり「当事者双方がその協力によって得た財産の額」を考慮することを命じています。

　したがって、婚姻前に取得していた財産や婚姻中の取得であっても、第三者（親など）から相続・贈与された財産は各配偶者の特有財産（個人財産）であって、分与対象財産とはなりません。婚姻中に取得した夫婦の実質的共有（共同）財産は、所有名義が夫婦の共有であっても、いずれかの単独所有であっても、分与対象財産となります。

　財産の種類も問いません。裁判例では、不動産、預貯金、生命保険、株式、借地権等、退職金（退職年金）が含まれます（**大阪高決平17・6・9家月58巻5号67頁**は、交通事故により身体障害者となった夫に支払われた損害保険金のうち、逸失利益額について婚姻中の期間（離婚成立までの期間）に対応する部分を清算対象としました）。

◎財産分与の「基準時」

> Q8：財産分与の基準時はいつの時点になりますか。

A　清算的財産分与について、分与対象財産確定の基準時は、原則として「別居時」とされていますが、特段の事情がある場合には、裁判時、離婚時までの財産変動が考慮されることもあります。
　一方で、確定された分与対象財産の評価については、裁判時（口頭弁論終結時または審判時）が基準となります。

1　分与対象財産確定の基準時

(1)　基準時

　分与対象財産を確定する基準時をいつとするべきかについては、①裁判時、②別居時が考えられます。
　別居後に財産を処分した場合や別居が長期に及んでいる場合に違いが生じます。
　財産分与において清算の対象となるのは夫婦の協力関係によって形成された財産とされることから、原則として夫婦の協力関係が終了する別居時が基準となります。
　近時の家裁実務は、別居時に存在する夫婦の財産についてどのようなものがあるか、当事者間の争点整理を行っています（婚姻関係財産一覧表（Q6〈資料①〉を参照））。
　夫婦が住居を異にしていても、協力関係の実体が失われたといえない場合――典型的には一方が単身赴任をしている場合など――は、「別居」とはいえません（蓮井110頁）。

「家庭内別居」については、「日本の家屋の構造からすると、相互に干渉し合わずに生活することは不可能に近い場合が多く、同居しつつ実質的に経済的協力関係がなくなったと評価し得る場合はごくまれであると思われる」とされています（蓮井110頁）。

(2) 別居後の財産の増減

別居後に夫婦の一方が実質的共有財産（ex. 預貯金、保険など）を費消した場合、費消された財産は分与対象財産から除外されないので、別居時の残高、解約返戻金額が分与対象財産となります。

ここで、別居中に支払われるべき婚姻費用の支払いがなく、生活費にあてるため預貯金を費消した場合には、過去の婚姻費用の清算を行わない場合には、減少後の残高による場合があります（二宮＝榊原100頁、山本27頁）。

一方、別居後、不貞相手の配偶者に対して慰謝料を支払ったために預貯金を費消した場合は、別居時基準説により別居時残高が分与対象財産となります。

2　分与対象財産評価の基準時

確定された分与対象財産の評価については、調停成立時、訴訟であれば口頭弁論終結時が基準となります。

(1) 不動産

不動産については、不動産業者による査定書などで認定することが多く、当事者双方から異なる額の査定書が提出される場合は、固定資産評価証明書の評価額や路線価などで価額を認定します。費用がかかる不動産鑑定を行う例はほとんどありません。

別居後に不動産が売却されている場合は、実際の売買価格から手数料を控除した手取額が時価とされます。

(2) 株　式

　口頭弁論終結時の時価額となります。別居後に売却した場合は、売却額が評価額になります。

(3) 預貯金

　別居時の残高となります。

　基準時直前に多額の預貯金が引き出され、その使途が合理的に説明されない場合には、それに相当する額が何らかの形で残存していたと認定される場合があります（山本5頁）。

(4) 生命保険や学資保険など

　別居時の解約返戻金額になります。

◎特有財産

> Q9：特有財産についての留意点とはどのようなことでしょうか。

A 　婚姻前から夫婦の各々が所有していた財産や婚姻中に夫婦の各々が相続や贈与によって取得した財産など、夫婦の一方が他方と無関係に取得・形成した財産は、夫婦各々の特有財産とされ、原則として財産分与対象財産とはなりません。実務上は、ある財産が特有財産にあたるか否かが争われることが多いのです。

　婚姻期間中（先行する内縁の期間も含む）に取得・形成された財産は、夫婦の実質的共有財産と推定され、取得・形成の経緯等から特有性が明らかにならない限り、財産分与の対象財産になります。

1　寄与度

　一方配偶者の特有財産を原資の一部として取得・形成された財産については、基本的には分与対象財産として評価し、特有財産が原資となっている点は寄与度の問題になります。たとえば、住宅（不動産）を購入する際に、売買代金3000万円について夫婦の資金から2000万円を支払い、残金1000万円については妻の親から援助を受けた場合には、これを特有財産からの出資額として以下の計算式により寄与度を計算することになります。

① 　夫の寄与度　　$\dfrac{2000万円 \times 1/2 （共有財産）}{3000万円} = \dfrac{1}{3}$

② 　妻の寄与度
$$\dfrac{2000万円 \times 1/2 （共有財産）+ 1000万円 （特有財産）}{3000万円} = \dfrac{2}{3}$$

親からの援助について、贈与金か借入金かが争われる場合がありますが、借用書がある場合は別として、通常はわが子に対する贈与であり、特有財産とされます（秋武312頁）。

2　逸失利益

夫婦の一方が交通事故により婚姻期間中に受領した損害保険金については、傷害慰藉料や後遺症慰藉料に対応する部分は専ら交通事故に遭った本人の精神的苦痛を慰藉するものであるので特有財産にあたり、逸失利益に対応する部分は財産分与の対象になります（**大阪高決平17・6・9家月58巻5号67頁**）。

3　評価が難しい事例

夫婦の一方の特有財産であっても、他方配偶者がその維持に寄与した場合には、分与対象財産として評価する余地があります。たとえば、妻が結婚後夫の相続財産である貸家の賃料の取り立てや修繕などの貸家の管理をしていた場合などに問題になります。この場合、他方配偶者（妻）の寄与によって維持された範囲の厳格な認定は困難であり、分与対象財産として評価・算入すべき価額は、裁判所の合理的裁量に委ねられることになります（秋武293頁）。

◎ 「子」名義の財産

> Q10：子名義の預金や学資保険は財産分与の対象になるのでしょうか。

A　子の固有の財産と認められる場合には、対象外とされます。学資保険は原則として貯蓄性の保険一般と同様、財産分与の対象財産になります。

1　家族名義の財産

　家族名義の財産で実務上しばしば問題となるのは、夫婦間の子名義の預金です。子の固有の財産であれば分与対象財産には含まれませんが、実質的に夫婦に帰属していると認められる場合には清算の対象になります。預金の趣旨・目的に照らして判断する必要があります。

　たとえば、子が両親や祖父母等から贈与を受けたものを預金している場合や、アルバイト代金等を貯金した場合には、子の固有財産になります（子名義の預貯金について、子に対する贈与の趣旨でなされたとして財産分与の対象とならないとした裁判例として、**高松高判平9・3・27家月49巻10号79頁**）。夫婦が自分自身の財産を子名義で預金した場合、たとえば夫婦が子の進学に備えてした預貯金は実質的に夫婦に帰属していると考えられ、子名義の預貯金も、夫婦の実質的共有財産となりましょう。

　子名義の預貯金が夫婦の実質的共有財産とみるべき場合には、管理している方（通帳・印鑑をもっている夫または妻）名義の財産として整理することになります。

2　学資保険

　夫婦の一方が契約者となっている学資保険について、親権を主張する当事

者が、子（保険の被保険者となっている子）の固有財産であると主張して名義変更を求めることがあります。

　調停や和解において、双方の合意にもとづき、子の養育費・進学資金にあてるという目的から、財産分与による清算の対象としないで、親権者に名義変更をする場合もあります。

　このような合意ができない場合、学資保険の性質自体は貯蓄性の保険一般と同じなので、審判や判決となれば、夫婦の一方を契約者とする生命保険・養老保険や年金保険と同様に、被保険者や受取人の名義のいかんを問わず、夫婦の実質的共有財産として清算的財産分与の対象となります（評価額は別居時の解約返戻金額）。

◎経営会社（法人）の財産

Q11：夫婦の一方、または双方が経営する会社（法人）が所有する財産は、財産分与の対象になるのでしょうか。

A 　会社（法人）が所有する財産は原則として財産分与の対象にはなりませんが、各々が所有する株式は、分与対象財産になります。

　法人の財産は、法人と夫婦個人が別人格である以上、分与対象財産とならないのが原則ですが、夫婦の協力によって形成された実質的共有財産を認定できる場合は、これを評価算入する余地があるといわれています。しかし、実務上は、実質的共有財産部分の証明や評価が難しいことから、最近公刊された判例集登載の裁判例では、法人所有の財産を分与対象財産とする例はほとんどみられません。

　一方で、夫婦が当該法人の株式を保有している場合には、夫婦の個人財産である当該株式等を分与対象財産として算入する方法により、財産の清算を行うことができます。この場合、法人の財産を直接分与対象財産とすべきか否かを検討する必要はありません（蓮井117頁、秋武315頁）。

　株式の評価については、譲渡制限のある株式について、相続問題により小規模事業が継続できなくなることを回避するため、会社法で相続人に対する株式売渡請求権の制度が導入され（会社法176条）、当事者間で売買価格について合意ができない場合には、裁判所が売買価格を決定する制度が用意されるなど（同法177条2項）、小規模法人について株式の評価方法が確立されつつあります。

　財産分与の実務において用いられる価額算定の方法としては、相続税の算出のために国税庁によって策定された「財産評価基本通達」にもとづき価額を算定する方法があります。また、貸借対照表の総資産から負債を控除し

て、これを発行済み株式総数で割って一株あたりの価額を算出するという簡便な方式も、当事者双方が合意すれば用いることができます（蓮井123頁は、費用対効果の問題から、このような簡便な方式を採用する例が多いと指摘しています）。一方で、株式の評価が高額になる場合や、当事者間で株式価額の算定方法について争いがある場合には、公認会計士等の専門家による鑑定を行う必要があります。

◎退職金・退職年金

> Q12：将来支払われる見込みがある退職金は、財産分与の対象になるのでしょうか。

A 退職金だけでなく、これに代わる退職年金も分与対象財産になります。

1 退職金の性格

　企業の退職金規定にもとづいて支給される退職金は、一般に労働の対価である賃金の後払いという性格をもち、夫婦の一方が取得する退職金の形成には他方配偶者も貢献しているといえますので、原則として財産分与の対象財産となります（蓮井124頁）。婚姻期間の長い夫婦にとっては、退職金は金額も大きく、年金と同様、老後の生活保障という点でも重要な財産です。

2 既払いの退職金

　既払いの退職金は、基準時（原則として別居時）に現存する限り、清算の対象となります。退職金を原資に不動産を取得した場合には、退職金が形を変えて財産として残っているといえるので、不動産が財産分与の対象財産となります。

3 退職年金

　退職金の一部が、一時金ではなく退職年金（企業年金）として分割して支払われる場合がありますが、この場合は退職年金についても財産分与の対象となります（蓮井125頁）。確定給付企業年金については、一時金を選択した場合の支給額を参考に、同居期間に対応する部分が対象財産となり、確定拠

出年金については、基準時までの拠出額を算出します（蓮井125頁。詳しくはQ18）。

4　将来の退職金

将来支給されるべき退職金について、これまでは、勤務先の経営不振や倒産、本人の事故や解雇など不確定要素により支給の有無や金額に影響があるので、退職金を受給しうる蓋然性に問題があり、分与対象財産とならないかのような議論がありましたが、現在の実務ではそのような考え方はとられていません。その根拠としては、「退職金は賃金の後払い的性質を有するものであり、勤務を重ねるごとに後払い賃金が累積していき、基準時には一定の金額が累積しているはずだからである」とされています（蓮井124頁）。

財産分与において退職金を取り扱う場合には、退職金制度が急激に変化している点に留意し、退職金制度の内容について知見を深める必要があります。たとえば、当該企業（大手・中堅企業）の退職金制度がいわゆる「ポイント制」になっており（Q14）、現時点で退職した場合に支給される退職金の金額等が明確になっている場合には、これを財産分与の対象とすることは当然といえましょう。

退職金制度の内容については、相手方に資料提出を求め、相手方が提出しない場合には勤務先への調査嘱託等を行うことになります。相手方が勤務先に離婚トラブルを抱えていることを知られたくない場合は、自ら提出してくることが多いです。

5　評価、算入方法

最もよく利用される方法は、①現時点で自己都合退職した場合に支給される退職金（一時金）の額を基準とし、婚姻期間に按分する額を清算対象として、離婚時に清算する方法です。

$$\text{退職金額} \times \frac{\text{実質的婚姻期間（同居期間）}}{\text{退職金の基礎となる勤務年数}}$$

　この方法の難点は、ⓐ自己都合退職による減額が行われることから、定年退職時の退職金額を基準とした場合より金額が低くなること、ⓑ他に資産がない場合には、退職金受給前（離婚時）の清算なので、一時金による支払いができないこと、です。

　②将来定年退職した場合に支給されるであろう退職金の額を算出し、中間利息を控除して口頭弁論終結時の価額に引き直したうえで、離婚時に清算する方法もあります。**東京地判平11・9・3判タ1014号239頁**は、6年後の退職時に受領できる退職金のうち婚姻期間に対応する額を算出し、これに6年のライプニッツ係数をかけ、現在額に引き直し、その5割相当を分与すべきであるとして、離婚時の清算を命じています。定年退職が数年先という場合には、この方法が合理的であるといえましょう。

　③また、離婚時の清算ではなく、退職金の支給を条件として支給時に清算する方法を用いる裁判例もあります。**東京高決平10・3・13家月50巻11号81頁**は、財産分与審判事件抗告審において、「抗告人は、相手方に対し、抗告人が〇〇株式会社から退職金を支給されたときは、金〇〇円を支払え」と命じています。

　①ないし③のいずれの方法をとるのかについては、当事者間に争いがなければいずれの方法によることもできます。審判・判決となればいずれの方法によっても、裁判所の裁量の範囲内であると指摘されていますが、財産分与である以上即時給付を原則とすべきです（蓮井124頁）。多額の退職金が支払われる企業に勤めている当事者は、ほかにも金融資産等を有している場合が多く、一括金が支払えないケースはあまりないといえましょう。

◎退職金制度の概要

Q13：退職金制度には「確定給付タイプ」と「確定拠出タイプ」があるとのことですが、その内容はどのようなものですか。

A 「確定給付タイプ」とは、退職金支払規定に退職金の支給基準が明記されており、退職時の退職金額があらかじめ確定しているものですが、「確定拠出タイプ」では、退職金支払規定には退職時における退職金額は何ら規定されておらず、企業の拠出金額（掛金）が確定しているだけであり、退職金額は拠出金の運用いかんによることになります。

1　退職金制度とは？

　退職金制度は、使用者が労働者に対し退職に際しての金員支払いを約し、これを履行することにより完了するものですが、使用者は退職金支払原資を積み立て、これを元手に労働者に支給することになります。多くの企業では「退職金支払規定」と「退職金積立規定」を就業規則に規定しており、これを一体として退職金制度と呼んでいます。

2　「確定給付」タイプと「確定拠出」タイプ

　退職金制度は、使用者が負う退職金支払債務の履行条件、方法により、「確定給付」タイプと「確定拠出」タイプに分けられます。
　「確定給付」タイプは、退職金支払規定には退職金の支払い条件、支給基準（年齢や退職事由）にもとづき、退職時における退職金額があらかじめ確定されています。退職金積立規定の運用とはかかわりなく退職金額が確定されているので、この意味では退職金支払規定と積立規定との関係は切断され

ているといえるのです。

　他方、「確定拠出」タイプは、退職金支払規定には退職時における退職金額は何ら規定されておらず、退職金積立規定にもとづいて支払う拠出金額（掛金、出資金）があらかじめ確定されており、拠出金の運用いかんで退職金額が決定されることになり、この意味では退職金積立規定が実質的に支給規定となっているのです。

　このように、「確定給付」タイプは、退職時における支給額があらかじめ確定しており、使用者は退職時においてそれを履行する義務を負うことになり、これに対して「確定拠出」タイプは、在職中の労働者に対する拠出金額があらかじめ確定しており、使用者はそれを履行する義務を負うことになります。

　退職金制度が「確定給付」タイプなのか、「確定拠出」タイプなのかは、退職金の支払債務の性格を決定するものであり、前者がいわば出口（給付時）を固定し、後者が入口（拠出時）を固定するものであり、退職金制度の方向性を決定づけるものなので、注意が必要です。

3　退職金支給規定（制度）と退職金積立規定（制度）

(1)　退職金支給規定（制度）

　退職金支給規定は、企業と従業員との間における雇用契約の内容である労働条件となるもので、労働基準法上、労働契約の締結に際して退職金の支給の有無等について明示することが使用者に義務づけられているものであり、いわば、企業が従業員に対し発行している「借金（退職金支払債務）の証文」ともいえるものです。

　「確定給付」タイプは、退職一時金または年金支払いにより退職金支給債務の履行がなされ、「確定拠出」タイプの場合は、毎月の拠出金の支払いによって退職金支給債務の履行がなされることになります。

(2) 退職金積立規定（制度）

　退職金の支払いを確実にするためには、一時的に負担が集中することを避け、普段から平準的に退職金の原資を積み立てられ、税制上の優遇措置も受けられるような制度や手段が必要となります。これが退職金積立制度の役割です。

　退職金積立規定として主なものをあげると、厚生年金基金、国民年金基金、中小企業退職金共済制度（中退共制度）、特定退職金共済、確定給付企業年金、確定拠出年金（企業型）、企業内退職金制度（保険商品など）などがあります。

　これらの制度は、退職金支給規定によって生じる企業の退職給付債務を清算するために存在する準備手段であり、どの退職金積立制度を採用するのかは、退職金支給規定に定められた内容により決まってくることになります（退職金制度全般について詳しくは、水谷参照）。

◎退職金額の算定方法

Q14：退職金はどのように算定するのですか。
ポイント方式とはどのようなものですか。
確定給付タイプと確定拠出タイプの違いは何ですか。

A　従来は、基本給連動方式が主流でしたが、近時、大手・中堅企業では成果・業績連動型のポイント方式に移行しています。ポイント方式では、退職金額が、従業員の資格や役職、勤続年数についたポイントの累計に単価（1万円とする例が多い）をかけて算出されます。いずれも退職時に支払われる退職金額があらかじめ確定しているタイプ＝確定給付タイプの退職金です。

一方で、確定拠出タイプでは退職金規定には会社が出す「拠出金」の計算方法のみが規定されており、「拠出金」の運用によって支払われる退職金額は確定していません。

1　確定給付タイプ

確定給付タイプの退職金制度は、退職金支給規定において、第〇条（退職金額）や第〇条（退職金計算方法）という条文の中で、退職金額の算定方法が具体的に規定されています。退職時に支払われる退職金額があらかじめ確定しているタイプの退職金制度です。

(1) 基本給連動方式

従来からの年功制を前提とした確定給付タイプの典型例であり、退職時における算定基礎額（ほとんどの場合、退職時基本給）に、勤続年数に応じて定められた支給率を乗じて、そのうえに退職事由係数（自己都合か会社都合、

定年退職などの事由による係数。自己都合退職となると、退職金が低くなる）を乗じて算出した額が「退職金」の額となるものです。

> 退職金額＝退職時基本給×支給率（勤続年数による）×退職事由係数

(2) 定額方式

基本給に関係なく勤続年数に応じて退職金額を設定し、退職事由に応じた係数を乗じて算出した額を退職金とするものです。

たとえば、勤続年数が4年なら、会社都合30万円、自己都合だと係数0.5をかけて15万円、勤続年数が10年なら会社都合100万円、自己都合だと係数0.6をかけて60万円などの金額が定められています。

> 退職金額＝算定基礎額（勤続年数により定められた金額）×退職事由係数

(3) 別テーブル方式

定額方式に役職による貢献度を加味したもので、定額方式の修正版です。

> 退職金額＝算定基礎額（勤続年数により定められた金額）×退職事由係数
> 　　　　×役職別係数

(4) ポイント制

近時、ポイント方式が登場しており、従業員の資格や役職についたポイントに、資格や役職に滞在した年数を乗じたものを累積し、前もって定められた1ポイントあたりの単価（1ポイント＝1万円とする例が多い）を乗じて算出されたものを「退職金」の額とするものです。等級ポイントだけでなく、

勤続年数にもポイントを付加する場合があります。

> 退職金額＝算定基礎額（等級ポイント＋勤続年数ポイントなど）×ポイント単価

　この方式は、基本給には連動せず、資格等級や役職による累積ポイントにより退職金額が決定することから、従業員の会社への貢献や職責の重さが考慮されることになり、資格等級制度を導入している大手・中堅企業や、資格等級制度を導入していない中小企業でも、部長や課長などの役職ポイントをつけることにより普及しつつあり、いわば能力度もしくは職責度重視型の退

〔図表３－３〕　退職金ポイント表（○年×月×日基準）

付与ポイント（*1）	退職一時金	有期年金	無期年金
能力ポイント①	23	23	20
役割ポイント②	10	10	10
勤続ポイント③	－	－	35
合計（①＋②＋③）	33	33	65

累積ポイント（*2）	退職一時金	有期年金	無期年金
累積ポイント	500	400	950

*1：能力グレード、役割、勤務年数に応じて、毎年４月１日時点の状態が継続した場合に付与されるポイント。
*2：基準日までの累積ポイント。
〔計算式〕
(1)　支給額（一時金ベース）は、累積ポイント×ポイント単価（１万円）×支給乗率。
(2)　支給乗率は、55歳以上での退職は、1.0。それ以外は、年齢に応じて、0.2〜0.9となる。
(3)　したがって、〔図表３－３〕のポイント表による金額は以下のとおり。
　　　退職金額＝（500＋400＋950）×１万円×支給乗率（年齢による）

職金支給制度といえます。

　確定給付タイプでは、以前は年功制を前提とした基本給連動型が主流でしたが、現在では大企業を中心に、成果・業績連動型のポイント制が普及するようになっています（〔図表3-3〕参照）。一方で、中小企業においては基本給連動型が主流で、定額制も多くみられます。

2　確定拠出タイプ

　確定拠出タイプの場合は、退職金規定に「退職金」の計算方法は規定されず、「拠出金」の計算方法のみが規定されることになります。

　確定拠出タイプの場合、退職時までの拠出金の合計額が確定するのであり、運用によって支払われる退職金額は確定しませんが、拠出金の水準の妥当性を検証するためには、モデル支払金表を作成して運用利率を想定している場合が多いです。

　毎月の「拠出金」の水準としては、2012（平成24）年3月に廃止された「適格退職年金制度」における掛金の額（基本給の5.5％）が目安とされています。

　「拠出金」の計算方法には以下のものがあります。

(1)　基本給連動方式

　基本給額の一定割合を「拠出金」として給与に上乗せして支払ったり、中小企業退職金共済制度（中退共制度）などに拠出したりする場合です。たとえば、5％とすれば、基本給30万円の従業員には給与と別に「拠出金」として1万5000円を支給することになります。定年時の受給予想額は、累計拠出金の合計額に運用利率を乗じた金額となります。

(2)　定額方式

　毎月の「拠出金」は、役職にかかわりなくすべて同額とされ、たとえば毎月1万円という方式です。勤続年数の長さによって「拠出金」の累計額に差

が生じるものであり、確定給付タイプの定額方式と同じ意味をもつことになります。

(3) 資格等級もしくは役職別金額確定方式

資格等級もしくは役職ごとに毎月の「拠出金」の額そのものを定めるもので、確定給付タイプのポイント制と同じ役割を果たすことになります。

(4) 前払方式

退職金の全部または一部を毎月の給与もしくは年数回の賞与に上乗せして支給するものであり、退職金支払いはその都度履行され、退職時には退職金債務は存在しなくなるものです。給与や賞与と一体として直接従業員に支払われることから、厳格な意味では退職金制度と呼ぶには問題がありますが、「確定拠出タイプ」の一例ともいうべきものです。税制上は、給与所得として課税され、社会保険料の算定基準とされることになり、従業員にとってはこれらの負担が増えることになりますが、大企業を中心に急速に普及しているので注意が必要です。

これは、確定拠出年金法の企業型年金を導入する際に、加入を望まない従業員に対し、他の退職金給付制度を適用することを求められることから導入が進んでいるものです。退職金の「前払い制」ともいえるもので、退職時点で支給される退職金はありません。

◎退職金積立制度

> Q15：退職金積立制度とはどのようなものですか。

A 企業内積立制度と企業外積立制度があります。企業内積立制度には社内準備金や自社年金があり、企業外積立制度には中小企業退職金共済制度（中退共制度）や厚生年金基金、確定給付企業年金・確定拠出年金（企業型）などがあります。

1 退職金積立制度の現状

　退職金制度は、支給規定を有する企業が、近時、約7割台に低下しています。退職金支払準備金の積立制度については、多くの企業では企業内積立制度と企業外積立制度を併用しています。企業内積立制度では、社内準備が6割を占めている反面、企業独自の年金制度を有している企業は3％にとどまっています。他方企業外積立制度では、中小企業退職金共済制度（中退共制度）、厚生年金基金がともに4割台で、確定給付企業年金、確定拠出年金（企業型）がともに3割台を占めています（2013年）。

　企業規模別にみると、社内準備金は1000人以上の大企業で9割台に達している一方、100人未満の企業では5割前後と低くなっています。

　企業外積立制度は、大企業の場合、確定給付企業年金が7割前後、確定拠出年金（企業型）も5割前後と多く採用されている反面、中小企業の場合、中小企業退職金共済制度（中退共制度）、厚生年金基金が5割超となっており、企業規模による積立制度の採用状況に違いが出ています（水谷40頁。2013年現在）。

新刊のご案内
2019年4月
（2019年2月～2019年4月分）

4月刊

再考 司法書士の訴訟実務
A5判・303頁・定価 本体3,500円＋税　日本司法書士会連合会 編

相続実務必携
A5判・326頁・定価 本体3,500円＋税　静岡県司法書士会あかし運営委員会 編

キャッシュレス決済と法規整――横断的・包括的な電子決済法制の制定に向けて――
A5判上製・468頁・定価 本体8,600円＋税　千葉惠美子 編

完全講義 民事裁判実務の基礎（第3版）（上巻）
A5判・521頁・定価 本体4,500円＋税　大島眞一 著

3月刊

詳解 消費者裁判手続特例法
A5判上製・278頁・定価 本体3,200円＋税　町村泰貴 著

ソーシャルワーク実践による高齢者虐待予防
A5判上製・324頁・定価 本体4,000円＋税　乙幡美佐江 著

㈹ 民事法研究会

http://www.minjiho.com/

※書籍の価格はすべて本体価格（税抜）の表示となっております。
※ご注文は、最寄りの書店へご注文いただくか、または弊社へ直接ファクシミリにてご注文ください。

アンケートご協力のお願い

FAX 03-5798-7258

購入した書籍名	Q＆A 財産分与と離婚時年金分割の法律実務

● 弊社のホームページをご覧になったことはありますか。
・よく見る ・ときどき見る ・ほとんど見ない ・見たことがない

● 本書をどのようにご購入されましたか。
・書店（書店名　　　　　） ・直接弊社から
・インターネット書店（書店名　　　　　） ・その他（　　　）
・贈呈

● 本書の満足度をお聞かせください。
（ 0　1　2　3　4　5　6　7　8　9　10 ）

● 上記のように評価された理由をご自由にお書きください。

● 本書を友人・知人に薦める可能性がどのくらいありますか？
（ 0　1　2　3　4　5　6　7　8　9　10 ）

● 上記のように評価された理由をご自由にお書きください。

●本書に対するご意見や、出版してほしい企画等をお聞かせください。

■ご協力ありがとうございました。

住　所（〒　　　　）

フリガナ
氏　名　　　　　　　　　　　　　　　　　　　　　　　TEL.（　　　）　　　内
(担当者名)　　　　　　　　　　　　　　　　　　　　　　FAX.（　　　）

お得な情報が満載のメルマガ(新刊案内)をご希望の方はこちらにご記入ください。（メルマガ希望の方のみ）

Email：

注文申込書

ご注文はFAXまたはホームページにて受付けております

FAX 03-5798-7258
http://www.minjiho.com

お申込日　平成　　年　　月　　日

書籍名 | 冊 | 号から購読申込み

市民と法[1年間購読1年6回刊・4年間購読料 9,257円(税・送料込)]

本申込書で送料無料になります
※弊社へ直接お申込みのご注文する際は、下記のクーポンコードをご入力ください。送料が無料になります。
クーポンコード minjiho2019
有効期限　2020年3月31日まで

※ホームページからご注文する際は、下記のクーポンコードをご入力ください。送料が無料になります。

(新刊案内1904)

個人情報の取扱い　ご記入いただいた個人情報は、お申込書籍等の送付および書籍等のご案内のみに利用いたします。

A5判・513頁・定価 本体5,200円+税　井上 元 著
判例にみる損害賠償額算定の実務(第3版)

A5判・598頁・定価 本体5,400円+税　升田 純 著
書式 成年後見の実務〔第三版〕――申立てから終了までの書式と理論――

A5判・408頁・定価 本体3,800円+税　坂野征四郎 著
消費者六法〔2019年版〕――判例・約款付――

A5判箱入り並製・1583頁・定価 本体5,400円+税　編集代表 甲斐道太郎・松本恒雄・木村達也
私的整理の理論・実務と書式――法的整理への移行、労務、登記、税務まで――

A5判・455頁・定価 本体5,300円+税　藤原総一郎 監修　山崎良太・稲生隆浩 編著
戦略的株式活用の手法と実践

A5判・366頁・定価 本体4,000円+税　R＆G横浜法律事務所 編
会社訴訟・仮処分の理論と実務〔増補第3版〕

A5判上製・766頁・定価 本体7,400円+税　新谷 勝 著

2月刊

A5判・301頁・定価 本体3,100円+税　中村 安・濱田 卓 著
マンション管理組合のトラブル相談Q＆A――基礎知識から具体的解決策まで――

A5判・241頁・定価 本体2,800円+税　新潟県弁護士会 編
保証のトラブル相談Q＆A――基礎知識から具体的解決策まで――

最新情報の詳細は、弊社ホームページをご覧ください。　http://www.minjiho.com/
注文申込書は裏面をご覧ください。

2　退職金支給制度との関連

　退職金積立制度のうち、社内準備金と共済制度は、退職時の一時金（一時金制度は約9割で採用）で支払われ、自社年金、企業年金（年金制度は約3分の1の企業で採用）は、**退職後の分割払い（年金）**で支払われています。

3　企業外積立制度——共済制度

　共済制度は、独力では退職金制度を設けることが困難な中小企業を中心に事業主相互の共済による企業外退職金制度を構築し、国からの助成（掛金の補助、免税）を得て運用するものであり、一般企業を対象とする中小企業退職金共済制度（中退共制度）が典型であり、その他にも業種別、規模別の共済制度があります。

(1)　中小企業退職金共済制度（中退共制度）

㋐　制度のしくみ

　「中小企業退職金共済法」にもとづくもので、独立行政法人勤労者退職金共済機構・中小企業退職金共済事業本部（中退共本部）が運営しており、独力では退職金制度を設けることが困難な中小企業において、国の助成によって従業員の退職金制度を確立することを目的とするものです。

　中小企業者（原則として常用従業員300人または資本金3億円以下の法人、もしくは個人事業主。大半が従業員15名未満）が、自社従業員を被共済者として中退共本部と退職金共済契約を結ぶことによって加入契約が成立し、掛金は全額会社が毎月一定額（5000円から3万円まで）を中退共本部に支払い、掛金納入期間に応じた退職金が従業員個人に支払われます。

㋑　予定運用利回りと退職金額

　中退共の予定運用利回りは、かつて6％以上となっていましたが、昨今の低金利を反映し、1991（平成3）年から5.5％、1996（平成8）年から4.5％、1999（平成11）年4月から3％、2002（平成14）年11月からは1％と引き下

げられています。

　毎月1万円の掛金を40年間積み立てした場合の基本退職金額は、予定運用利回り5.5％の場合（1991（平成3）年4月から1996（平成8）年3月まで）基本退職金額1736万円でしたが、1.0％の場合（2002（平成14）年11月から現在）基本退職金額591万円となり、退職金額は3分の1になっています（『よくわかる中小企業退職金共済制度』7頁、中小企業退職金共済本部ホームページより）。

　　　　　　　　(ウ)　退職金支給規定との関係

　中退共制度は、以下に述べるとおり、確定拠出タイプにも確定給付タイプにも用いることができます。

　① 　確定拠出タイプ

　　　退職金支給規定に「拠出金」が規定されており、「退職金の金額は中小企業退職金共済法に定められた額とする」と規定されている場合、中退共制度の運用次第で退職金の額が決まることになり、その金額がいくらかは特定していないので確定拠出タイプの退職金支給規定になります。

　② 　確定給付タイプ

　　　退職金支給規定の中で、「基本給連動型」「定額方式」等確定給付タイプの退職金計算方法を規定していれば、退職金積立について中退共制度を採用していても、確定給付タイプの退職金制度となります。基本給連動方式等により算出された退職金額に対し、中退共制度で積み立てられた金額が足りないときは、その差額は企業が払わなければなりません。反対に、算出された退職金額より中退共制度で積み立てられている金額が多いときは、中退共本部から企業に積立金が還元されることはなく、積み立てられている金額のすべてが従業員のものとなります。

(2)　特定業種退職共済制度

　この制度は、季節労働など期間契約の多い労働者を雇用する業種（建設業、清酒製造業、林業の3業種）について、厚生労働大臣が指定した中小企業

者が、期間労働者を対象として、独立行政法人勤労者退職金共済機構と共済契約を結び、雇用日数に応じた掛金を納付し、期間労働者がその業界から退職した場合等に所定の金額の退職金が機構から直接支払われるシステムです。

(3) 特定退職金共済制度

　特定退職金共済制度は、企業が所得税法施行令73条に定める特定退職金共済団体（商工会議所、商工会、商工連合会等）と退職金共済契約を締結し、企業に代わってこの団体から従業員に対し直接退職金が支払われる制度であり、国の承認の下に特定退職金共済団体を設立して行われています。

◎企業年金制度

> Q16：企業年金制度とはどのようなものですか。

A　厚生年金基金、確定給付企業年金、確定拠出年金（企業型）があります。企業外の退職金積立制度の一種であり、公的年金と連動して従業員の老後の生活保障をめざす制度になっています。

1　企業年金制度の概要

　民間企業が設けている企業年金制度は、厚生年金適用事業所の従業員を対象とした厚生年金基金、確定給付企業年金（規約型、基金型）、確定拠出年金（企業型）などがあり、公的年金と連動して従業員の退職後の生活保障をめざす制度となっています（日本の年金制度の体系については第4章Q1参照）。厚生年金基金、確定給付企業年金、確定拠出年金（企業型）等の企業年金の加入者数は、民間サラリーマンの約半数といわれています。企業外の退職金積立制度の一種です。

2　厚生年金基金

　厚生年金基金は、企業年金の中核をなす制度であり、厚生年金の一部を国に代わって支給する（代行給付）とともに、独自の上乗せ給付を行うことにより、従業員に手厚い老後保障を行うことを目的として1966（昭和41）年に発足しましたが、2003（平成15）年9月から、確定給付企業年金法の制定により代行部分を国に返し確定給付企業年金へ移行することが認められるようになり、さらに2014（平成26）年4月から厚生年金基金を解散させる制度改革が行われています。2013（平成25）年12月現在、加入者数400万人、運用規模は25兆円となっていましたが、2017（平成29）年9月1日現在、加入者

数は78万人と激減しています（企業年金連合会ホームページ＞連合会について＞統計資料＞企業年金に関する基本統計）。

　厚生年金基金は、加入者の減少や運用難から財政難が深刻となり、国から預かる代行部分まで資産力不足となり、「代行割れ」が続出するとともに、2012（平成24）年2月に財政難の基金が、いわゆるAIJ投資顧問による詐欺事件に巻き込まれるなどの被害拡大の中で、2013（平成25）年度制度改正により健全性を満たす基準が設けられ、これを満たさない場合、解散または他の企業年金や中小企業退職金共済制度（中退共制度）への移行が迫られることになり、代行割れ年金については、2014（平成26）年4月以降、解散が求められるようになっています。

　大手企業が運用する基金は、代行部分を返上して、確定給付企業年金または確定拠出年金（企業型）に移行してきましたが、中小企業が加入する基金は代行による解散により国への返還などを余儀なくされることになると思われます。厚生年金基金の今後は、解散または他の企業年金共済制度への移行が進むでしょう。

3　確定給付企業年金

　基金型と規約型の2つの設立形態があり、厚生年金基金制度は代行給付があるため終身年金を原則とする等の制約があり、また近年の資産運用環境の悪化等により財政状況が厳しいものとなったことから、代行を行わず、受給権の保護等を確保して上乗せの年金給付のみを行う企業年金制度として、2002（平成14）年4月に導入されたものです（詳しくはQ17）。2013（平成25）年12月現在、加入者数800万人、運用規模は50兆円となっていましたが、2017（平成29）年9月1日現在加入者数は818万人と変化はありません（前掲企業年金連合会ホームページ参照）。

4　確定拠出年金

　アメリカの年金制度（「401型プラン」）をモデルに、2001（平成13）年に創

設された制度であり、毎月の掛金を元手に、加入者があらかじめ用意された金融商品を選んで運用するものであり、企業が掛金を拠出する「企業」型と、個人が拠出する「個人」型があります（詳しくはQ18）。2012（平成24）年1月から、企業が拠出する掛金に個人の拠出を上乗せできる「マッチング拠出」も可能となっています。拠出された掛金が個人ごとに区分されることから、転職しても年金を転職先に持ち運びやすい利点がある反面、運用に失敗すれば年金も目減りすることになります。2013（平成25）年12月現在、企業型では加入者数460万人、運用規模は7.3兆円となっていましたが、2017（平成29）年9月1日現在の加入者数は628万人と増加しています（前掲企業年金連合会ホームページ参照）。

　個人型（iDeco）は、2017（平成29）年1月から専業主婦（3号被保険者）や公務員なども加入することができるようになり、注目されています。

◎確定給付企業年金

> Q17：確定給付企業年金とはどのような制度でしょうか。財産分与の対象財産とすることができるのでしょうか。その場合の評価額は？

A　一定額の年金給付を保障する制度であり、「規約型」と「基金型」があり、加入者は事業所に使用される被用者年金保険の被保険者です。

給付内容は老齢給付金（年金またはこれに代わる一時金）および中途退職者への脱退一時金のほかに、遺族給付年金などがあります。退職金の分割払いとみることができますので、財産分与の対象財産になります。評価額は、退職前の人は脱退一時金額、退職後年金を受給している場合は、年金に代わる一時金額となります。

1　制度の概要

確定給付企業年金法の施行（2002（平成14）年4月）により、基金型、規約型の新しい確定給付年金（Defined Benefit Plan = DB）が設けられました。

確定給付企業年金は、年金給付額の目標金額を現役時代に確保しておき、将来の給付額から逆算して割り出した掛金を拠出するものであり、原則として企業が掛金を全額負担することになっています。そこで、予定どおりの年金資金の利回りが確保できないときなどは、企業が追加資金を拠出する必要が出てくることになります。

確定給付企業年金（DB）の特色は、定年前に中途退職した場合には一時金を支給することが義務化されていることです（脱退一時金）。また、年金財政の検証が強化され、積立義務が明確化されるなど受給権が強化されています。給付減額のためには厚生労働大臣の認可が必要とされています（確定給

付企業年金法6条）。

　確定給付年金制度が法律で設けられた趣旨は、厚生年金基金の積立不足が大きな問題となっているところ、年金の財政状況が悪くなっていても年金基金を解散しなければならない義務が生じない場合があり、このようなケースを防ぐため、企業年金受給権の保護を第1の目的として、また確定給付型の企業年金を統一的に管理するために制度化されたものです。

　事業主等は、掛金納付状況、資産運用状況、財政状況について、加入者への情報開示を怠ってはならず、年金受給資格期間は20年以内とされ、年金の期間は終身または5年以上の期間である必要があります。

2　しくみ

　年金に拠出した掛金の累積額とその運用益で、前もって年金給付額が確定することになります。この年金制度には2とおりのものがあります。

(1)　基金型企業年金（基金型DB）

　基金型DBは、300人以上の加入者の場合に設立認可され、母体企業が別法人格の基金を設立したうえで、その基金において年金資金を管理・運用し、年金給付を行うもので、主として大企業が採用しており、厚生年金基金の代行部分の返上が相次ぎ、これらの年金は代行部分を返上することにより基金型DBに移行しているものが多くあります。

(2)　規約型企業年金（規約型DB）

　規約型DBは、労使双方が合意した年金規約にもとづき、企業と金融機関（生命保険会社、信託銀行）が契約を結び、企業外部で年金資金を管理・運用し、従業員の将来の年金給付を行うものです（〔図表3－4〕参照）。

　2016（平成28）年7月現在で基金型651件、規約型1万3029件であり、大半が規約型です（企業年金連合会ホームページ＞連合会について＞統計資料＞企業年金に関する基本統計）。

〔図表３－４〕　確定給付企業年金のしくみ（規約型DB）

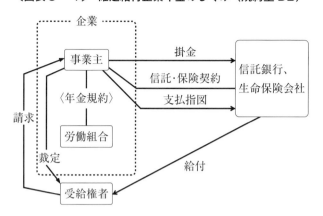

3　財産分与の対象財産となるのか

　大手・中堅企業では、退職金の支払方法を、退職時の一時払いから、一時払いと退職年金払い（分割払い）を併用する方法へと変化させています。退職年金制度として多くの企業において採用されているのが確定給付企業年金です。

　退職金は賃金の後払い的な性格をもち、夫婦の一方が取得する退職金の形成には他方配偶者も貢献していると考えられるため、原則として分与対象財産になると解されています。近時、企業が採用している退職年金制度とは、退職金の分割払いとみることができます。そこで、退職時の一時払いの退職金と同様に、原則として退職年金も財産分与の対象となると解されます（蓮井125頁）。問題となるのは、基準時における評価額です。

4　基準時における評価額

　定年退職時に支給される老齢給付金は、規約に定めがあれば、一時金として受け取ることができます（確定給付企業年金法38条2項）。近時、退職時に一時金で受け取る人が増えているといわれています。税法上「みなし退職所

得」となり、退職所得控除を受けられるからです。年金受給中であっても、一時金に切り替えて受け取ることができます。

　そこで、年金に代わる一時金額を財産分与の対象財産額とすることができます。規約上、一時金として受け取ることができない場合には、将来確実に支給される分割払いの退職金と解釈し、中間利息を控除して、口頭弁論終結時の価額に引き直した額を評価額とすることが考えられます。

　また、定年前の中途退職者に対する脱退一時金の制度がありますので、基準時における脱退一時金額を財産分与の対象財産とすることができます。

◎確定拠出年金

> Q18：確定拠出年金（Defined Contribution Plan = DC）とはどのような制度でしょうか。財産分与の対象になるのでしょうか。評価額はどうなるのでしょうか。

A　確定拠出年金は、個人または事業主が拠出した資金を個人が自己の責任において運用の指図を行い、高齢期にこれにもとづく給付を受給できる制度であり、「個人型」と「企業型」の２つの制度があります。給付内容は、老齢給付金（年金または一時金の選択も可能）、死亡一時金などがあります。「企業型」は退職金の前払いの性格をもつので、財産分与の対象財産となります。基準時の評価額は、運営管理機関（金融機関など）に残高・時価評価額を照合し提示される「年金資産残高（評価額）」もしくは、基準時までの拠出金の累積額によることになります。

1　制度の概要

厚生年金基金などの企業年金の財政状況が悪化し、その再編成が求められたことや、雇用の流動化に対応し、離転職時の年金資産の移換（ポータビリティ）のしくみを整えることが社会的要請となり、2001（平成13）年に確定拠出年金法が制定・施行されて、確定拠出年金制度が導入されました。

確定拠出年金（Defined Contribution Plan = DC）は、個人または事業主が拠出した資金を、個人が自己の責任で運用の指図を行い、高齢期にそれにもとづく給付を受給できる制度です（確定拠出年金法１条）。このうち、厚生年金適用事業所が単独または共同して実施するものを「企業型年金」、個人が拠出し、国民年金基金連合会が実施するものを「個人型年金」といいます

(同法2条1項〜3項)。

　個人型（iDeco）は各個人が掛金を拠出するものであり、国民年金基金の代替・補完の制度と位置づけられ、従来、加入者は第1号被保険者（自営業者）などに限定されていましたが、制度改正により2017（平成29）年1月から専業主婦（第3号被保険者）、公務員をはじめ、企業年金を実施している企業に勤めるサラリーマンなども加入できるようになり、基本的にすべての人が加入できるようになりました（Q16参照）。

　「企業型年金」は、原則として、サラリーマンなど第2号被保険者である厚生年金保険の被保険者（公務員を除く）を加入対象として、企業が全額掛金を支払うもので、厚生年金基金等の企業年金の代替および移行先となっています。

　確定拠出年金は、年金資産を加入者が自分で運用し、その結果の損益に応じて受給額が決定されるもので、将来の受給額は保証されず、拠出金の運用は、個人または従業員自身のいずれも自己責任で行うものとされています。

　年金資金は、個人別に区別され、残高の把握や転職時の資産の移行が容易に行え、企業規模を問わず実施することが可能です。原則として制度からの脱退はできず、積立資産は国税の滞納を除き、差押禁止とされています。

　掛金の拠出、運用、給付の各段階での税制の優遇措置が高く、60歳までは離転職しても払い戻しはせず、積立金を従業員が持ち運ぶ点（ポータビリティ）が最大の特徴となっています。以下では、退職金の前払いとしての性質をもつ企業型年金について解説します。

2　企業型年金

(1)　しくみ

　事業主は従業員の同意を得て確定拠出年金規約を定め、厚生労働大臣の承認を得たうえで、運営管理機関（主に銀行など）と委託契約を結び、資産管理機関（主に信託銀行）とも契約を結んで毎月の掛金を払い込み、従業員が

〔図表３－５〕　確定拠出年金（「企業型」）のしくみ（DC）

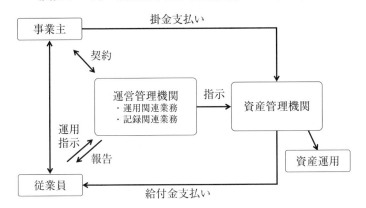

運用した資産（積立金）を保全してもらいます。運営管理機関は、従業員に対して個別口座の設定や運用商品の指示、資産残高や運用状況を報告するとともに、従業員からの運用指示を取りまとめ、資産管理機関に運用指示を行います。給付の際は従業員の給付資格裁定および給付額の算定にもとづいて資産管理機関に給付指示を行い、これによって従業員は、資産管理機関から自己の運用の成果としての積立金を年金か一時金で受け取ることになります（〔図表３－５〕参照）。

企業型は実質的には退職金の前払いとしての性質をもつことになります。

(2) **掛　金**

企業が掛金を支払うもので、第２号被保険者のうち勤務先に厚生年金基金、確定給付年金等確定給付型の年金がない場合、月額５万5000円が上限とされ、確定給付型の年金がある場合は月額２万7500円が上限とされ、この範囲内では企業は全額損金処理ができます。なお、拠出金の平均額は年額15万円（2004年）程度となっています。

(3) **給　付**

60歳に到達した場合、５年以上の有期または終身年金（規約によって一時

金の選択可）として受給でき、60歳以前では死亡時または一定の障害状態になった場合に支給され、脱退したときは一時金が受給できます（脱退一時金の支給要件は、資産額が1万5000円以下となっており、支給額の平均額は4500円）。

企業の加入者が退職した場合、次の転職先企業がこの制度を導入していれば、年金資産をそのまま転職先企業の制度に移換することができます。導入していなければ個人型年金として継続することができます。

3　財産分与の対象財産となるのか

大手・中堅企業では、退職金の支払方法を退職時の一時払いから、一時払いと退職年金払い（分割払い）を併合する方法へと変化させています。企業外の退職金積立制度として利用されているのが確定拠出年金制度です。

確定拠出年金を採用している企業において、退職金支給規定には、退職に際して支払われる退職金の額またはその計算方法等は規定されず、その代わりに在職中の従業員に対する毎月もしくは毎年の「拠出金」（前払金、掛金額）が規定され、企業はその「拠出金」を外部機関（確定拠出年金法による年金については「運用管理機関」≒銀行など）に支払うことによって、退職金給付債務はその都度履行されたことになります。

そこで、企業が拠出した掛金とその運用益により、退職に際しての支給額が決定されることになり、その結果、最終的にどのような給付がなされるのかは、運用次第となります。つまり、企業は掛金を払い込むところまでの責任を追い、運用は各従業員の自己責任とされます。

したがって、いかに低金利で運用環境が悪化しようと「積立不足」というリスクを負うことがなく、企業には魅力的なことから、制度発足以来、退職金制度としての利用が広がっています。

このように、確定拠出年金は、退職金の前払いの性格を有するものであり、各個人別に管理・蓄積された資産は、一時払いの退職金と同様に財産分与の対象財産となります（蓮井125頁）。

4　評価額

確定拠出年金制度の特徴は、
① 年金制度を自分で運用して、その結果に応じて、年金額が決定される
② 年金資産が個人別に管理され、残高の把握が容易であり、確定拠出年金相互間のポータビリティが可能である
③ 税制上の優遇措置がある

です。

確定拠出年金制度では、年金資産は個人別に区別され、残高の把握は、運営管理機関（銀行、証券会社など）に問い合わせることにより容易に行うことができます。

すなわち、確定拠出年金において「運営管理機関」が制度の運営・管理を行う専門機関とされており、「運用関連業務」と「記録関連業務」の2つの業務を行っています。

「運用関連業務」は、確定拠出年金の加入者が運用方法を選択するうえで必要となる各種情報の提供を行うものであり、資産運用の専門性を有する金融機関（銀行など）が行っています。

一方で、「記録関連業務」は、加入者の個人別資産残高の記録・管理・提供、加入者からの運用指示の取りまとめ、加入者からの受け取り申請の受付、受給額の報告などを行う業務です。システム整備に多額の投資が必要なことから、金融機関が共同で記録関連運営管理機関（レコードキーピング専門会社）を設立し、これに業務を委託しています。

加入者に対し、「記録関連運営管理機関」（「日本インベスター・ソリューション・アンド・テクノロジー株式会社」「日本レコード・キーピング・ネットワーク株式会社」など）もしくは「運用関連管理機関」（銀行、証券会社など）から、年に1回から2回、「お取引状況・残高のお知らせ」が発行され、現時点での資産評価額（運用商品をすべて売却、現金化した場合の時価評価額）や、毎月拠出している掛金額の累積合計金額などが明示されます。また、運

用管理業務を行う銀行などに問い合わせをすれば、随時、資産残高などの情報の提供が受けられるしくみになっています。

　そこで、これらの数値を用いて、基準時における評価額を決定することになりましょう。後述のとおり、加入者の運用先は「元本確保型」（預金など）に集中していること、老齢給付金は一時金で受け取っている人が多いことに留意すべきでしょう。なお、蓮井裁判官は、基準時までの拠出額の限度で財産分与の対象となるとしています（蓮井125頁）。

　問題は、勤務先が確定拠出年金制度を採用していることが明らかであるにもかかわらず、相手が情報の開示を拒む場合です。現在も同じ事業所に勤めている場合には、勤務先に調査嘱託の申立てをすることができますが、転職し、元の勤務先が廃業するなどしている場合には、勤務先への照会ができません。この場合は、「確定拠出年金統計資料」により確定拠出年金制度による拠出金額の1人あたりの掛金額や年代別の資産額を参考に財産分与を求めることになりましょう。

　ちなみに、確定拠出年金の1人あたりの掛金額は、2016（平成28）年3月末現在、年間15万円であり、1人あたりの資産額は170万円となっています。資産額を年代別にみると、30代：80万円、40代：190万円、50代：339万円、60代：420万円となっています。また、給付をみると、老齢給付金を年金で受け取っている人は1.7万人（25.3％）、年金額は69万円、一時金で受け取っている人は5万人（74.6％）で、一時金額は462万円となっています（運営管理機関連絡協議会「確定拠出年金統計資料（2002年3月末～2016年3月末）」、企業年金連合会ホームページ＞連合会について＞統計資料＞確定拠出年金統計資料）。

　また、運用次第で将来の受給額は差が出るといわれていますが、運用先をみると「元本確保型商品」（定期預金など）が約6割、「投資信託型」が4割となっており、「元本確保型商品」が100％である加入者の割合も、43.5％となっています（企業年金連合会「2015（平成27）年度決算　確定拠出年金実態調査結果（概要）」、企業年金連合会ホームページより）。

◎ポイント方式による退職金の算定例

> Q19：退職手当の計算方法がポイント方式になっていて、退職一時金部分と退職年金部分が合算されています。財産分与の対象財産とする際の留意点は何でしょうか。

A　大企業では退職金の算定方式が従業員の成果・業績に連動するポイント方式に移行しています。基準時（別居時）の累積ポイントに単価（おおむね１万円）をかけて、退職金額を算出することができる。

1　退職金制度の概要

近時、退職金制度は大きく様変わりしており、従来の退職時の基本給を算定の基礎とする方式から、ポイント方式への移行が多くなっており、1000人以上の大企業では51％がポイント方式に移行している点が注目されます（水谷68頁、2013年現在）。

また、退職金の支給形態も従来は退職時の一時払いが一般的で、会社内部の積立金から支払われており、内部積立金については退職給与引当金として税制面での優遇措置が講じられていました（2003（平成15）年廃止）。しかし、1970年代以降２度のオイルショックを経て、退職時の一時払いでは企業の負担が増すことから、退職金支払形態を、一時金払いに分割払い（年金払い）を併用し、かつ企業内の積立てではなく企業外の積立制度を利用する企業が増加しています。確定給付年金（2002（平成14）年導入）および確定拠出年金（2001（平成13）年導入）は、こうした退職金の企業外積立制度の１つであり、年金資金を管理・運用・給付する金融機関がさまざまな商品を売り出していることもあって、大企業を中心に採用されています（水谷18頁

(2013年現在の退職金支給制度の実施状況))。

2　大手企業管理職の退職金の算定例

　ある大手企業では、退職金（退職手当）は退職一時金と退職金の一部を年金化した退職年金部分の二本立てになっており、会社の給与規定に定められている退職手当（退職金）は、「退職一時金」と「退職年金」を合計したものとなっています。年金部分は確定給付企業年金（規約型）を採用しており、老齢給付（年金給付もしくはこれに代わる一時払い）の受給権があります。勤続20年以上の退職者が55歳未満で退職した場合には脱退一時金の受給権を取得することになっています。

　管理職について退職金（退職手当）の算定はポイント方式を採用しています。

　管理職であるＡさん（50歳）が2016年11月に退職した場合の退職金（退職手当）の金額は、（ポイントＡ＋ポイントＢ＋ポイントＣ）×１万円となっています。このうち、退職一時金部分がポイントＡ×１万円、退職年金部分がポイント（Ｂ＋Ｃ）×１万円となっています（〔図表３－６〕参照）。

〔図表３－６〕　退職手当計算書

```
　　　　　　　　　　　退職日　2016年11月30日

退職手当＝（ポイントＡ＋ポイントＢ＋ポイントＣ）×１万円
　　　　　（495＋630＋310）×１万円
　　　　＝1435万円


ポイントＡ：前年度の役職等級・資格に応じて毎年４月１日に付与
　　　　　　計算時の累計ポイントは495
ポイントＢ：前年度の評価に応じて毎年７月１日に付与　同630
ポイントＣ：前年度の勤続年月に応じて毎年４月１日に付与　同310
　１ポイントあたりの単価：１万円
```

基準時（別居時）の累積ポイントに1万円を乗じた金額のうち、同居期間に相当する部分が財産分与の対象額になります。

ちなみにこの企業は一般職の社員に対する退職金の算定方式にはポイント方式を採用していません。一方で一般職の社員も確定拠出年金制度の対象者になり、退職金は退職時の一時金部分と確定給付企業年金による年金支払いの二本立てになっています。退職金の60％に相当する金額が年金による分割払いとなっています。

◎退職金前払い制度

> Q20：夫の会社で確定拠出年金制度が導入されたと聞いていましたが、このたび離婚をすることになったので退職金額を尋ねると、「前払いを受けているので退職金は出ない」と言われましたが、どのような制度でしょうか。

A　夫が退職金前払いを選択している場合、退職金も退職年金もないことになります。

　確定拠出年金法による企業型年金を導入する際に、加入を望まない従業員に対し他の退職金給付制度を適用することが求められています。その他の制度として、退職金前払い制度が大企業を中心に急速に導入が進んでいるものです。

　企業型年金の退職給付は、支給年齢が60歳からであることから、企業型年金を選ばない人は、退職金前払い制度を選択することにより毎月現金を受給できることになります。

　退職金前払い制度は、確定拠出年金制度と同様に、企業にとっては退職金の支払いごとに費用が発生し、退職時給付債務はゼロとなります。退職金前払い制度と確定拠出年金制度との違いは、支払先が従業員か企業年金口座かという違いだけになります。

　したがって、夫が退職金前払い制度を選択していると、退職金も退職年金も出ないことになります。

◎医師年金

Q21：医師年金とはどのような制度ですか。

A　日本医師会による私的年金で、「脱退一時金」が財産分与の対象になります。

「医師年金」とは、日本医師会が1968（昭和43）年に発足させた積立型の私的年金です。加入者が日本医師会会員の医師に限られます。2015（平成27）年3月末日で加入者数1万8000人、受給者2万2000人を擁し、同年3月末の資産は5095億円となっています（格付投資情報センター（R&I）ニューズレター年金情報 No.703による）。

もともと任意の共済事業でしたが、2014（平成26）年以降、保険業法にもとづく特定保険業の年金保険制度に変更されました。基本年金保険料（月額1万2000円）に加え、加算年金保険料（いくらでもかけられる）があり、給付内容は、老齢年金（65歳から受給できる）、育英資金、傷病年金、遺族年金となっています。脱退する場合は、脱退一時金が支払われます。

財産分与の対象財産となり、年金受給前であれば脱退一時金が評価額となります。医師年金の内容について調査する場合は、公益社団法人日本医師会年金税制課が調査嘱託の宛先となります。

第 3 章　財産分与の法と実務

◎居住用不動産に関する基本ルール

> Q22：不動産（居住用不動産）がある場合の基本的ルールはどのようになっていますか。

[A]　住宅ローンがあるか否か、残ローンが不動産の時価額を上回っているのか、オーバーローンの状態なのかにより、清算の仕方が異なります。

1　はじめに

　居住用財産として、収入の高い方（おおむね夫）の名義で不動産を購入し、長期の住宅ローンが組まれ、住宅ローンを被担保債務として抵当権が設定されている場合があります。住宅ローンの返済がほとんど行われないうちに不動産の価額が下落すると、離婚後の住居の確保の問題も加わり深刻な事態を招くことになります。また、不動産の購入資金として婚姻前の預貯金を出したり、親から贈与を受ける場合があり、これをどのように清算するのが公平といえるのかという問題が生じます。

　本問では、不動産について、主として金銭の分配という観点から家裁実務上どのような取扱いがなされているのか、基本的なルールを概説してみます。

　計算の方法は裁判官の裁量に委ねられており、画一的ではないといわれていますが（二宮＝榊原104頁）、この種の紛争解決にあたり、当事者双方が受け入れ可能な基本的なルールを示すことによって財産分与における予測可能性を高めていくことをめざすことにします。

2　状況に応じて異なる清算の方法

離婚後に夫婦の一方もしくは共有名義で不動産を購入した場合の清算については、住宅ローンが残っているのか否か、住宅ローンがある場合は、①不動産の時価がローン残債務額を上回っているのか、②不動産の時価がローン残債務額を下回っているのか（いわゆる「オーバーローン」状態）なのかにより清算の仕方が大きく異なります。

3　オーバーローンの場合

(1)　不動産だけが財産分与の対象財産である場合

住宅ローンを被担保債権とする抵当権が設定されている限り当該不動産は無価値とされ、これを清算の対象とすることはできないと解されています（山本18頁、秋武305頁）。不動産が無価値である以上、それまで住宅ローンを返済した結果は積極財産としては存在しないので、一方（夫）から他方（妻）にこれまで返済した住宅ローン相当額について分与を求めることもできないとされています。

東京高決平10・3・13家月50巻11号81頁は、「夫婦の協力によって住宅ローンの一部を返済したとしても、本件においては、当該住宅の価値は負債を上回るものではなく、住宅の価値は零であって、右返済の結果は積極資産として存在していない。そうすると、清算すべき資産がないのであるから、返済した住宅ローンの一部を財産分与の対象とすることはできないといわざるをえない」としています。

他に積極財産がなく、オーバーローンの住宅しかない場合は、財産分与請求権が発生しないことについては異論がありません。

(2)　不動産以外に分与対象財産がある場合

現在の家裁実務は、財産分与の算定にあたって個別財産（住宅など）取得

のための債務については、積極財産の総額から控除して清算的財産分与の算定を行っています。つまり、婚姻中に夫婦の各々が負担した債務の中で、共同の利益のために負担した債務（住宅ローンが典型）については、積極財産の総額から控除するとしています（犬伏414頁）。

これは、清算的財産分与の決定において、夫婦の協力により取得した積極財産のみを考慮して債務を度外視するなら、債務者の責任財産を減少させ、債務者に返済の困難を生じさせ、債権者を害する結果を生じさせることになること（財産分与と詐害行為についてはQ35参照）、および、債務についても夫婦が平等の責任を負うべきであるという考え方によります。すなわち、夫婦以外の第三者（債権者）に対しても、夫婦間においても、債務を度外視しないことが公平であるという見地にもとづくものです。

そこで、オーバーローンの住宅以外に財産がなければ、負債の分与は行わないので財産分与の問題は生じませんが、オーバーローンの住宅以外に財産がある場合の財産分与の算定方法は原則に戻って以下のとおりとなります。

対象財産額＝
不動産（住宅）＋預貯金＋保険の解約返戻金など－住宅ローンの残債務額

たとえば、夫が住宅ローンの債務者になっており、家の名義も夫である場合に、住宅ローンが2000万円、不動産の評価額が1000万円、これ以外に夫名義の預貯金500万円がある場合に、対象財産額は、1000万円＋500万円－2000万円＝－500万円となり、積極財産はありませんので、夫から妻への財産分与額は、結局ゼロとなります。

しかし、住宅ローンが2000万円（夫名義）、不動産の評価額が1000万円（夫名義）、これ以外に夫名義で預貯金や保険の解約返戻金が1500万円ある場合には、対象財産額は、（1000万円＋1500万円）－2000万円＝500万円となり、夫から妻への財産分与額は、500万円×1／2＝250万円となります。住宅ローン付不動産を別枠として計算すると、1500万円×1／2＝750万円となり

ますが、オーバーローン付住宅以外に資産がある場合、負債を度外視することは不公平な結果を招くことになります。

　オーバーローンの住宅がある場合、他に財産がある場合には、積極財産の総額から残債務を控除して分与対象財産を算出する方法によるのが、公平かつ合理的な方法だといえましょう（秋武308頁。東京家事調停協会148頁）。

　一方で、オーバーローン付住宅以外に分与対象財産がある場合、ローン付不動産を無価値とみて対象財産から除外し、残余の財産についてのみ分与が行われる場合もあります（二宮＝榊原106頁は、「存在する積極資産についてのみ、分与が行われることが多い」と指摘する）。住宅ローンは額が大きいうえに長期分割払いとなっているのが通常であり、ローンが返済されれば積極財産が形成されるので、全額を積極財産から控除するのはむしろ公平に反するという考え方にもとづいています（山本37頁）。

　大門裁判官、木納裁判官は、「離婚訴訟における財産分与の審理・判断の在り方について（提言）」において、「訴訟類似方式とバランス方式における財産分与判決理由の説示の例」を提案していますが、夫名義の自宅不動産（評価額3250万円）、夫が借り入れた住宅ローン残額3400万円の事例について、「被告が住宅ローンの支払義務を単独で負うことを前提に自宅不動産を取得するとすれば、財産分与において清算すべき財産部分はないと認められる」と説示し、「その余の財産」について、財産分与を算定しています（大門＝木納25頁）。

　オーバーローン付自宅不動産の負債の取扱いについては、自宅不動産に居住するのが住宅ローンの債務名義人なのか、残ローンの金額の大小、双方の経済力の違い、とりわけ稼働能力の低い当事者（多くは妻）への配慮の要否（共働き離婚モデルか片働き離婚モデルか）、離婚後の双方の生活状況、離婚の原因や子の状況を踏まえると、当該不動産および住宅ローンは財産分与の対象から除外して他の財産を分割することが妥当な場合もありうることに留意したいと思います。

4 残ローンがない場合または不動産の価額が残ローン額を上回る場合

(1) 寄与度

　不動産が財産分与の対象となる場合については、①他の財産と同様に扱い、不動産の時価額を他の資産と合算して、住宅ローンを控除して、寄与度（原則として2分の1ルール）を乗じる方法と、②不動産のみ別枠で計算し、寄与度や取り分を計算する方法があります。

　不動産の購入資金について、夫婦の一方が特有財産（婚姻前の預金、婚姻後の親族からの贈与・相続など）から購入資金の一部を支払ったと主張する場合も多く、このような場合は②の不動産のみ別枠で計算して、当該不動産について夫婦それぞれの寄与度や取得分額（取り分）を計算する方法がとられることが一般的です。

> 〈計算式〉
> 各自の取り分＝（不動産の時価額（ⓐ）－ローン残額（ⓑ））×寄与度

ⓐ　口頭弁論終結時または審判時の時価額。不動産業者による無料の査定書の平均値とするのが一般的。争いがある場合は不動産鑑定によるが、費用が高いのでほとんど利用されない。
ⓑ　原則として裁判時（口頭弁論終結時）の住宅ローンの残高。ただし、別居後のローン返済に不動産名義人（おおむね夫）以外の寄与がまったくない事例において、名義人でないほうの配偶者（おおむね妻）の取得分額を計算する場合には、別居時のローン残額でよい（山本34頁）。

　特有財産からの出捐について争われる例が多く、特有財産からの支出を主張する当事者がその金額を証拠により明らかにする必要があります。家裁実務では、特有財産からの支出を主張するほうが、事実上、挙証責任を負うと

する運用がなされています。

　夫婦の一方が、特有財産（ex. 実家からの贈与金など）を不動産の取得資金にあてたと主張する場合があります。この場合は、特有財産から出捐した金額＝出資額を分与対象財産形成にあたっての貢献として評価する必要があります。そこで、不動産形成にあたっての寄与度については、双方の寄与度を各々2分の1とするいわゆる「2分の1ルール」が修正されることになります（詳しくはQ23参照）。

◎一方（妻）の実家からの援助がある場合

> Q23：夫婦の預金1000万円と妻の実家からの援助金1500万円、合計2500万円で購入した不動産（家）の時価が1500万円になっている場合の夫婦それぞれの取得金額はいくらになるのでしょうか。

A　購入時点より時価額が下回っている場合、妻の実家からの援助金をそのまま妻の取得分として離婚になったので「返せ！」と主張しても認められません。一方で、取得資金の一部が妻の特有財産から支出されたものと評価できるので、2分の1ルールを変更し、取得資金に占める特有財産の割合を考慮して妻の取り分を算定することになります。

1　取得資金に占める特有財産の比率に応じて双方の寄与度を算定する方法

　婚姻後に形成された夫婦の預金は、いずれが名義人となっていても双方の寄与度は2分の1となります（2分の1ルール）。

　また、妻の実家からの援助金は、原則として妻（実子）への贈与とみるべきです（秋武312頁）。そこで、妻の特有財産から出捐しているといえますので、これを財産形成にあたって妻の貢献として評価する必要があります（妻の実家からの援助金について借用書が差し入れられており、これを月々返済してきたなどの特段の事情が認められる場合には、住宅ローンと同様に純然たる債務として借入金残高を時価額から控除したうえで双方の寄与度を算定することになります）。

　① 各自の寄与度

$$\text{夫の寄与度} \quad \frac{1000万円 \times 1/2}{2500万円} = \frac{1}{5}$$

$$\text{妻の寄与度} \quad \frac{1000万円 \times 1/2 + 1500万円}{2500万円} = \frac{4}{5}$$

②各自の取り分類

　夫：1500万円×1/5＝300万円

　妻：1500万円×4/5＝1200万円

となります（山本34頁）。

　そこで夫が家を取得する場合には、夫に分与するもの（不動産）の価額が取得分額を上回るので、その差額を代償として妻に支払う必要があります。したがって、この場合には、妻に1200万円の代償金を財産分与として支払うことになります。

2 不動産の時価額から特有財産が原資とされる割合に相当する額を控除して分与対象財産額とする方法

　大阪高判平19・1・23判タ1272号217頁は、本事例類似の事案について、不動産の時価額から夫婦の一方の特有財産が原資とされる割合を控除して財産分与の対象とみるべき額を算出する方法をとっています（同旨、蓮井135頁、エートス146頁）。

$$\text{不動産の時価額} \times \left(1 - \frac{\text{特有財産}}{\text{取得資産}}\right) = \text{財産分与対象額}$$

本事例にあてはめた場合の算式は、以下のとおりです。

$$1500万円 \times \left(1 - \frac{1500万円}{2500万円}\right) = 600万円$$

　夫は、財産分与として600万円×1/2＝300万円、妻は、特有財産分900万円（時価額1500万円から財産分与対象額600万円を控除した額）と財産分与分300万円の合計1200万円を取得することになります。上記1と算定方法は異なり

ますが、金額は同じになります。

　不動産のほかに預貯金、退職金、保険など分与対象財産がある場合、この方法で計算すると、不動産について特有財産を控除した額を他の財産額と合算して2分の1ルールを用いることにより計算することができます。

◎住宅ローンを返済中の場合

Q24：結婚後、妻の実家からの援助金300万円を頭金にして、4500万円で購入した土地・建物が、3150万円に値下がりしています。夫名義の住宅ローン残金が550万円（別居時）あります。別居後は夫が家に住み、ローンも夫が支払っています。夫が家を取得する場合、妻に対する代償金はいくらになりますか。

A　現在の実価額から別居時の住宅ローンの残高を控除して不動産の実質価値を算出し、これに双方の寄与度をかけて算定します。住宅ローンを共有財産から控除する方法もあります。

1　不動産の時価額から住宅ローンを控除し、双方の寄与度をかけて算出する方法

(1)　不動産の実質価値の算定

（不動産の実質価値）
3150万円－550万円＝2600万円

　本設例では、不動産名義人（夫）が不動産を取得する場合に、名義人でない配偶者（妻）の取得分を算定する事例です。住宅ローンについて、債務者はおおむね夫となっており、債務者である夫が不動産を取得し、妻に代償金を払うという清算方法がとられる場合がほとんどです。本件は典型例といえましょう。

　このような場合には、不動産の時価額から別居時の住宅ローンの残債務を

控除し、不動産の実質価値を算出し、これを財産分与対象財産（額）とする方法をとるのが一般的です（山本34頁、二宮＝榊原104頁）。

(2) 寄与度の算出

不動産の購入に際して双方が特有財産を拠出した場合には、取得資金に占める特有財産の比率によって寄与度を決めます。本設例では、夫が47％、妻が53％となります。

〈計算式〉

（4500万円－300万円）×１／２＝2100万円

妻の寄与度　　$\dfrac{300万円 +2100万円}{4500万円}$ ＝ 53％

夫の寄与度　　$\dfrac{2100万円}{4500万円}$ ＝ 47％

不動産について双方の取り分額は、
　妻　2600万円×53％＝1378万円
　夫　2600万円×47％＝1222万円
となります（仙台家判平29・４・18判例集未登載）。

夫が不動産を取得する場合、妻に1378万円の代償金を財産分与として支払う必要があります。

2　現在の時価額から特有財産部分を控除して共有財産部分を算出し、住宅ローンは共有財産部分から控除して算定する方法

住宅ローンは夫婦共有の負債なので、不動産の時価額から各自の特有財産部分を控除した後に、共有財産部分から住宅ローンを控除するのが相当であるという考え方にもとづいています。

共働き夫婦が、離婚の際、購入時より値上がりした共有不動産を売却し、住宅ローンは売却代金で完済し、売却益を分配する場合などに用いられてい

ます（森＝森元140頁）。

　ちなみに、本事例をこの方法で計算すると双方の取得分額は以下のとおりとなります。

(1) 妻の特有財産額

$$不動産の時価額 \times \frac{特有財産}{取得資金} = 妻の特有財産額$$

$$3150万円 \times \frac{300万円}{4500万円} = 210万円$$

(2) 分与対象財産額（共有財産額）

不動産の時価額 − 特有財産額 ＝ 財産分与対象額

3150万円 − 210万円 ＝ 2940万円

(3) 住宅ローン控除後の金額

2940万円 − 550万円 ＝ 2390万円

(4) 取り分額

妻　2390万円 × 1／2 ＋ 210万円 ＝ 1405万円

夫　2390万円 × 1／2 ＝ 1195万円

3　共働き離婚モデル　vs　片働き離婚モデル
　　──抵当権（住宅ローン）付不動産の清算方法

　家裁実務上、抵当権付不動産について、債権者の承諾なく住宅ローン（債務）を引き受けさせる判決（審判）を命じることはできないと考えられており（秋武＝岡185頁）、抵当権付不動産について、名義人でない者に取得させる判決を命じることは困難であるとされています（蓮井133頁）。

　実際上も、共働きが増えているとはいえ、夫が正規社員、妻はパート・契

約社員・派遣社員などの非正規社員である場合が多く、妻には住宅ローンを完済したり、借り換えをして夫の負債をゼロにすることができないことから、住宅ローン付不動産は夫が取得し、ローンの支払いも夫が行い、夫が妻に代償金を支払う方法が一般的でした。判決・審判例においてローン付不動産の清算方法については、裁判官の裁量に委ねられており、画一的ではないといわれていますが（二宮＝榊原104頁）、①共働きで双方同程度の収入がある夫婦の離婚（「共働き離婚モデル」）と、②片働き夫婦の離婚（「片働き離婚モデル」）の類型化が必要であり、各々のモデルにふさわしい清算方法が求められているといえるのではないでしょうか。

◎別居中の住宅ローンの支払い

Q25：夫名義でマンションを購入し（査定額2200万円）、別居時の住宅ローン残額が600万円であり、別居後、妻のみがマンションに居住し、夫が住宅ローンを支払っている場合、別居中に支払った住宅ローン（清算時までで200万円）は、財産分与にあたりどのように考慮されるのでしょうか。

A　夫がマンションを取得し、住宅ローンも引き続き支払っていく場合には、別居後のローンの清算は不要です。一方で、妻がマンションを取得し、住宅ローンを引き受ける場合は、妻は、夫が別居中に支払った住宅ローンを清算する必要があります。

1　基準時後の事情

　財産分与の算定にあたっては、財産分与の対象となる財産（分与対象財産）を確定するための基準時（基準日）を定めます。分与対象財産は、夫婦による経済的協力関係が終了した時点までに形成した財産とされているので、原則として別居時が基準時となります。住宅ローンを負債として計上する際も、基準時（別居時）の残高を基準とするとされています（東京家事調停協会169頁、山本34頁）。別居後のローン返済は、ローンの債務者（兼不動産名義人）が行い、債務者でないほうの配偶者にはローンの支払いについて寄与がない場合が多く、この場合には基準時（別居時）の残ローンを負債として計上すれば足りるからです。

　別居後のローンの支払いは、基準時後に生じた事情となります。基準時後の事情は、基本的に斟酌する必要はないとされていますが、別居後、住宅ローンを不動産を手放す方が支払っていた場合は清算をする必要があります

（蓮井134頁、森＝森元136頁）。

2　本事例における計算式

(1)　不動産の実質価値

2200万円－600万円＝1600万円

(2)　夫婦各自の取り分

1600万円×1／2＝800万円

(3)　清算方法

① 夫がマンションを取得し、住宅ローンを引き受ける場合
　妻に800万円を支払う。
② 妻がマンションを取得し、住宅ローン引き受ける場合
　夫に800万円および別居後の住宅ローン支払額200万円の合計1000万円を支払う。

◎不動産を買い換えて頭金とした場合

Q26：夫が婚姻前に土地建物を購入し、購入資金のうちの4分の3は親からの援助金をあてましたが、残りの4分の1は婚姻後にローンを支払ってきました。旧土地建物を売却して次の土地建物（財産分与対象財産）を購入した場合、双方の寄与度はどうなるのでしょうか。

A　旧土地建物の売却で得た頭金について双方の寄与度を認定し、買い換え後の不動産形成の寄与度に組み込む方法をとります。

　婚姻中に不動産を買い換え、元の不動産の売却代金を次の不動産の頭金とする場合には、まず元の不動産の売却により得た金額における双方の寄与度を計算し、現在の不動産の形成への寄与度に組み込む方法によります（**東京家審平6・5・31家月47巻5号52頁**）。

　たとえば、夫が婚姻前に土地建物を取得し、購入資金のうち4分の3は親からの援助金で頭金を賄い、婚姻中に残り4分の1にあたる部分をローンで支払っており、旧土地建物を約9000万円で売却して1億2268万円の土地建物（分与対象財産）を取得した事案について、裁判所は、9000万円のうち4分の3にあたる6724万9000円を特有財産とし現土地建物については、6724万9000円÷1億2268万円＝55％を夫の特有財産として、残り45％について財産分与の対象となると認定しました。

　もっとも、旧土地建物の取得が何年も前であり、購入資金の内訳について証拠資料がなく双方に争いがある場合は寄与度の認定ができませんので、この場合は原則に戻り夫婦の寄与度には2分の1ルールが適用されることになります。

◎住宅ローンが残っている家に子と住み続けたい場合

> Q27：住宅ローンが残っている夫名義の家に、子と一緒に住み続けたいという妻の希望を実現するにはどうしたらよいでしょうか。

A 利用権（賃貸借、使用貸借）を設定してもらい、居住権を確保する方法があります。

清算的財産分与のルールをあてはめると、妻が不動産を取得するためには夫に多額の代償金を支払い、住宅ローンも負担しなければならない場合があります。

① 不動産を取得することは断念し、使用賃借権もしくは賃借権を設定してもらい、居住権を確保する方法

当事者間に合意ができればこの方法を用いることができます。また、裁判例の中には扶養的財産分与として認める例もあります（**名古屋高判平21・5・28判時2069号50頁**）。

財産分与の方法には、金銭による分与だけでなく、現物の給付、利用権の設定の方法があり、裁判所は一切の事情を考慮して合理的な方法を定めることができるからです。

前掲判決は、夫の不貞行為が破綻の原因であり、別居は夫による悪意の遺棄であると認定しており、「婚姻関係の破綻につき責められるべき点が認められない妻には、扶養的財産分与として、離婚後も一定期間の居住を認めて、その法的地位の安定を図るのが相当である」としています。ただし、利用権の設定を認める裁判例（公刊判例集登載例）は数例にとどまっている点に留意する必要があります。

② 不動産を取得し、妻が住宅ローンの支払いを続ける方法

ⓐ 妻もしくは親族に支払能力があれば、銀行と交渉して住宅ローンの借り換えを行い、夫の債務を免責させて（免責的債務引受）、離婚後は妻が残ローンを支払う方法があります。不動産の所有名義人も変更することができますので、後にトラブルのタネを残すことなく解決できます。

ⓑ 銀行から住宅ローンを借り換えるだけの資力がない場合、妻が夫名義の住宅ローンをそのまま引き継いで支払う方法もあります。この場合、完済後に不動産の名義を妻にするなどの約束をしておく必要があり、また夫の経済状況が悪化（たとえば自己破産、債務整理など）すると、金融機関から一括払いを求められることになります。

　相手（夫）への信頼がなければトラブルを招くことになるので、この方法はお勧めできません。妻の親に土地を提供してもらって建物を建て、ローンが土地建物の双方に付いており、妻の親とは同居中であるなどの場合に限られるでしょう。

◎免責的債務引受

> Q28：住宅ローンが残っている家について、妻は「残ローンを支払うので自分が取得したい」と希望しています。家を妻に財産分与する場合の債務の処理はどのようにすればよいのでしょうか。

A 妻または妻の親に借り換えをしてもらい、残債務を完済してもらう（免責的債務引受）必要があります。

　婚姻中に住宅を購入するための借入を行った（住宅ローンを組んだ）場合、金融機関（第三者）との関係では、借り主（債務名義人）のみが債務を負うことになります。離婚に際して、夫婦間で住宅ローンについて借り主（債務名義人）でない一方が負担する旨の合意をしても、このような合意は夫婦間における「内部」分担についての合意としては有効ですが、第三者である貸し主（金融機関）＝「外部」との関係では何の効力もありません。

　したがって、離婚後に債務を負担すると約束した方（妻）が住宅ローンを支払わない場合、借り主（債務名義人、夫）が金融機関から支払いを迫られることになります。このような事態を防止するためには、債務を引き受ける方（妻）に対し、金融機関と交渉して住宅ローンの借り換えをしてもらい、借り主（夫）の債務を免責するよう求めることになります（免責的債務引受という）。

　金融機関が借り主（債務者）の変更を認めることはめったにありませんので、結局、債務を負担することとなる方（妻）が借り換えを行って、借り主（夫）の現在の債務を完済する必要があります。

　ただし、この方法をとるためには、新たに債務者になる者に支払能力がなければなりません。共働きの夫婦で双方とも住宅ローンを借りるだけの安定した収入がある場合（このような場合にはそもそも夫婦双方が連帯債務者となっ

【文例2】 合意内容

1　A（妻）は、B（夫）に対し、債権者をC銀行とし、債務者をBとする平成○年○月○日付金銭消費貸借契約に係る平成○年○月以降の残債務の履行を免責的に引き受ける。
　　Aは、Bに対し、上記金銭消費貸借契約について残債務の履行を自らの責任において行うこと、および、Bを債務者から外すよう債権者と交渉することを約束する。

2　Aは、Bに対し、Bが前記金銭消費貸借契約について債務者から外れる前にC銀行から請求を受けて債務の弁済をした場合には、その全額の求償に応じる。

＊ABが連帯債務者である場合は、「債務者」の部分は「連帯債務者」となる。

ていることが多い）、もしくは親族（親）に資力がある場合に限られることになります。

　離婚時の当事者双方の合意条項の内容は【文例2】のとおりとなります。

　離婚成立後に債務を負担することになる一方当事者が約束を守らない場合、「借り換え」の履行を強制する方法はありません。そこで、離婚後、債務の負担を引き受ける者に対する信頼がある場合に限り利用される方法です。

◎扶養的財産分与

> Q29：長年連れ添った夫から離婚請求された妻の事例です。妻は子が生まれたのを機に仕事を辞め、現在無職です。子たちは自分たちの生活で手いっぱいですし、親に頼るわけにもいかず、離婚後の生活が不安定です。夫婦の間にめぼしい財産はなく、年金分割でもらえる年金はわずかですが、このような場合に財産分与で考慮されるのでしょうか。

A　離婚すれば元夫婦の間で婚姻費用分担義務や扶養義務はありません。

離婚後、夫婦の一方（多くは妻）がただちに生活に困る場合、扶養的財産分与が認められる場合があります。

1　扶養的財産分与とは

今日の家裁実務において、財産分与の主眼が「清算」にあることは明らかでしょう。清算すべき財産がない場合、清算的財産分与だけでは、離婚により困窮する元配偶者（多くは妻）と子の生活保障という役割を果たすことができません。

ところで、民法768条3項は、家庭裁判所は財産分与をさせるべきかどうか、分与の額について「一切の事情を考慮して」と規定しています。そこで、離婚後の夫婦の一方から他方に対する扶養の必要という点も考慮されることになります（扶養的財産分与）。

最二小判昭46・7・23民集25巻5号805頁は、扶養的財産分与について「離婚後における一方の当事者の生計の維持をはかることを目的」とするものとして、これを認めています。

裁判実務では、扶養的財産分与は、財産分与の中では補充的なものと位置づけられ、清算的財産分与さらには離婚慰藉料により生計を維持するに足りる財産を取得することができれば、扶養的財産分与の必要はないと考えられてきました。また、扶養的財産分与は、「扶養」であることから、権利者が「要扶養状態」にあり、義務者に「扶養能力」があることが要件とされています。裁判例は「婚姻における生活共同関係が解消されるにあたって、将来の生活に不安があり、困窮するおそれのある配偶者に対し、その社会経済的な自立等に配慮して、資力を有する他方配偶者は、生計の維持のための一定の援助ないし扶養をすべきであり、その具体的な内容及び程度は、当事者の資力、健康状態、就職の可能性等の事情を考慮して定めることになる」としています（**名古屋高決平18・5・31家月59巻2号134頁**）。

従来の裁判例をみると、扶養的財産分与が認められる例は少なく、金額も毎月3万円の3年間分として合計金108万円を認める例など（**東京高判昭47・11・30判時688号60頁**）、夫に資産や高額の収入があるなどの特段の事情がない限りは少額にとどまっているといわざるをえません。

扶養的財産分与の根拠について学説は、離婚の事後的効果や社会保障の代替という政策的根拠に求めていましたが、十分な説明とはいいがたく、このことが扶養的財産分与が実務上、十分に機能していないことの背景にあると考えられます。

近時、扶養的財産分与を「補償」概念でとらえ、離婚後の扶養を充実させようとする見解が登場しています。すなわち、妻の所得能力の低下は婚姻中の役割分業に起因するものであり、婚姻生活に起因する機会費用の喪失の補償、あるいは経済的不利益状態の調整の意味で補償的生活をもつと主張されています。

2 扶養的財産分与の現状

扶養的財産分与が問題となるのは、乳幼児や未就学児を抱えているため就労が困難である場合や自らの病気や高齢により所得能力が喪失・低下する場

合です。

　2007（平成19）年に導入された離婚時年金分割制度により、老後の生活の保障がある程度図られた側面がありますが、離婚後の生活に不安を抱えている人は多く、扶養的財産分与が果たすべき役割は大きいといわざるをえません。

　離婚後の扶養については、実務上、離婚後1ないし3年間、最大限5年間程度の婚姻費用相当額が認められることが多いと指摘されています（秋武321頁）。扶養請求者に離婚の破綻について責任がなく、義務者が有責配偶者である場合などについては、離婚後の扶養が認められる傾向があるので、この点も併せて主張・立証していくことが必要でしょう。

　また、扶養的財産分与の方法として、相手が所有権ないし共有持分権をもつ住居について、離婚後、一定期間の居住を認める裁判例があります。**名古屋高判平21・5・28判時2069号50頁**は、夫の不貞により破綻した事例について、別居は夫による悪意の遺棄に該当するとしたうえで、一部（1000分の117）が妻の特有財産であるマンション（オーバーローンの状態）について、夫は妻に対し、長女（当時12歳）が高校を卒業するまでの間、賃料4万6148円（＝夫が返済中のローン月額）の条件で賃貸せよと命じています。

◎過去の婚姻費用

Q30：過去の婚姻費用の未払い分を財産分与として請求できるのでしょうか。

A　請求することができます。

　過去の婚姻費用は、基準時に存在する財産ではないのでそれ自体が清算的財産分与の対象財産となるものではありませんが、その分担態様は公平の観点から「一切の事情」として考慮されます。

　最三小判昭53・11・14民集32巻8号1529頁は、「婚姻継続中における過去の婚姻費用の分担の態様は右事情のひとつにほかならないから、裁判所は、当事者の一方が過当に負担した婚姻費用の清算のための給付をも含めて財産分与の額及び方法を定めることができる」としています。具体的に上乗せすべき額については、基本的には婚姻費用分担審判と同一の基準によって算定することになります（山本13頁）。

　過去の婚姻費用を審判（調停）手続で求める場合は、分担の始期は請求時（申立時）とされますが、財産分与において過去の婚姻費用分担の態様を考慮する場合には、公平の観点からの考慮であることから請求の有無は問題とならないとされています（未払いの婚姻費用相当分として1168万円を財産分与として認めている例として、東京地判平9・6・24判タ962号224頁）。

　ところで、調停・審判等によって具体的な婚姻費用額がすでに形成されている場合には、その履行の問題のみが残るのであって、財産分与において重ねて未払額を考慮することはできません。近時、いわゆる「養育費・婚姻費用算定表」（東京・大阪養育費等研究会「簡易迅速な養育費の算定を目指して」判タ1111号285頁（平成15年）の公表により、婚姻費用算定に目安がつくようになり、民事執行法の改正（民事執行法151条の2・167条の15・167条の16）に

より履行確保の面で前進がみられるなどの改善がありました。これに伴い、離婚・財産分与が調停・裁判で決まる前に、調停・審判により婚姻費用分担の取り決めや支払いがある例が多くなっています。

　そこで、過去の婚姻費用の未払いの清算が財産分与として問題となる場面は、従来と比べると大幅に減少しているといえるでしょう。

◎算定表による金額を上回る婚姻費用の支払い

Q31：算定表にもとづいて算出した金額を上回る婚姻費用を支払ってきました。財産分与の前渡し金として、払いすぎた婚姻費用を財産分与額から差し引くことはできないのでしょうか。

A　当事者が自発的にあるいは合意にもとづいて婚姻費用を分担している場合には、いわゆる算定表による額を上回るからといって超過分を財産分与の前渡しとして評価することはできません。

　裁判所は、夫婦生活が円満に推移している間に夫婦の一方が「過当」に負担した婚姻費用については、清算を要する旨の合意があるなど特段の事情がない限り、「過当」に負担した場合であっても財産分与において考慮することはできないとしています（高松高判平9・3・27家月49巻10号79頁）。
　また、大阪高決平21・9・4家月62巻10号54頁は、標準算定表方式にもとづいて算定した額を上回る部分の婚姻費用分担金の支払いについて、財産分与の前渡しとした原審判を変更し、「当事者が自発的に、あるいは合意に基づいて婚姻費用分担をしている場合に、その額が当事者双方の収入や生活状況にかんがみて、著しく相当性を欠くような場合であれば格別、そうでない場合には、当事者が自発的に、あるいは合意に基づいて送金した額が、審判をする際の基準として有用ないわゆる標準的算定方式……に基づいて算定した額を上回るからといって、超過分を財産分与の前渡しとして評価することは相当ではない」として、約14年間別居していた夫婦について、夫が送金していた「賞与を除く給与の月額手取額の2分の1をやや下回る額（月額平均約24万円）」が著しく相当性を欠いて過大であったとはいえないとしました。
　裁判例は、「過当」か否かについては厳しく判断しているといえましょう（二宮＝榊原122頁）。

◎夫名義の財産の持ち出し

> Q32：別居直前に、相手（妻）が依頼者の預金口座から300万円を引き下ろして持ち出したことがわかりました。損害賠償を請求できるのでしょうか。

A 別居の際の財産の持ち出しは、実質的共有財産の2分の1以下である限り、違法性はなく、不法行為にはなりません。

1 別居の際の財産持ち出し事案の裁判例

　夫婦の一方が別居を決意して家を出る際、財産の一部を持ち出すことがあります。別居の際、妻が債券2016万円を持ち出したとして夫が損害賠償を請求した事件で、裁判所は、①510万円は妻の実父からの贈与による特有財産であり持ち出しに違法性がないとし、②特有財産以外の債券について以下のように判断しました（東京地判平4・8・26家月45巻12号102頁）。

　「夫婦の一方が婚姻中に他方の協力の下に稼働して得た収入で取得した財産は、実質的には夫婦の共有財産であって、性質上特に一方のみが管理するような財産を除いては、婚姻継続中は夫婦共同で右財産を管理するのが通常であり、婚姻関係が破綻して離婚に至った場合には、その実質的共有関係を清算するためには、財産分与が予定されている」、「婚姻関係が悪化して、夫婦の一方が別居決意して家を出る際、夫婦の実質的共有に属する財産の一部を持ち出したとしても、その持ち出した財産が将来の財産分与として考えられる対象、範囲を著しく逸脱するとか、他方を困惑させる等不当な目的をもって持ち出したなどの特段の事情がない限り違法性はなく、不法行為とならないものと解するのが相当である」。

2 別居の際に「財産を持ち出したい」と相談を受けた場合

　別居の際に「生活費が足りないので夫名義の預金を下ろしたい」などの持ち出しについて相談された場合には、後で「通帳を返せ！」と言われるなど、別居後、相手方との間で必ずトラブルになります。したがって特段の事情がない限りは、手持ちの現金や自分名義の財産を持ち出すようにして、①生活費についてはただちに婚姻費用分担請求調停を申し立てる、②後日財産分与を請求するために財産分与算定のための根拠となる通帳・保険証券などのコピーをとっておくようにアドバイスしたほうがよいでしょう。

第3章　財産分与の法と実務

◎分与対象財産の調査方法

Q33：財産分与の対象となる財産を把握するため、資料を収集するにはどのような方法がありますか。

A　弁護士照会制度、調査嘱託の制度があります。

1　対象財産の存否、内容に関する主張・立証責任

　財産分与は、家事審判事項であり、職権探知主義が採用されています（家事事件手続法56条）。しかし、実務上は当事者主義的運用がなされており、財産分与を主張する者が分与対象財産の特定をしなければなりません。対象財産の存在およびその内容については、分与を請求する側に事実上の主張・立証責任があります。

　分与対象財産の調査方法としては、以下の制度がありますが、十分活用されているとはいえない現状にあります。

2　弁護士照会制度

　弁護士照会制度とは、弁護士法23条の2にもとづき、弁護士が訴訟その他の受任事件を処理するうえで必要となる資料や証拠を収集するための制度です。

　裁判外の調査方法として、離婚調停が始まる前、調停中、離婚訴訟中、財産分与審判手続中など、手続の段階を問わず、いつでも利用できる点に特色があります。事件を受任している場合に限らず、法律相談を受けて法的手続を検討中の場合であっても利用できます。

　弁護士照会制度では、個々の弁護士ではなく、各地の弁護士会に照会権限が与えられています。そこで、弁護士は、所属する弁護士会に照会を必要と

する理由を付して申出を行い、弁護士会がこれを相当と認めた場合に、公務所または公私の団体への照会が行われます。

　申出については、各地の弁護士会で照会申出書の書式を用意しているのでこれを利用するのがよいでしょう。申出の「理由」は、「婚姻中形成された財産を明らかにし、財産分与対象財産を確定するため」で足ります。

　ここで、「照会を求める理由」について、相手方のプライバシーにかかわる詳細な主張を記載したことから、相手方が弁護士会に対し懲戒請求をして懲戒処分が下された例があります（第一東京弁護士会業務改革委員会第8部会編『弁護士法23条の2照会の手引き〔6訂版〕』233頁）。照会の理由の記載については、「余事記載」によるプライバシー侵害などの紛争をまねかないよう注意する必要があります。

　照会先の記載については、照会先が大企業などのように多くの部署に分かれている場合は、事前に電話などの方法により照会先の担当部署を確認しておくことが必要となります。たとえば、金融機関などでは、コンピュータによる一括処理をしていることが多く、照会事項を各支店に照会するよりも本店ないし本部に照会するほうが効果的な場合があります（【書式例2】）。

　なお、基準時（別居時）の預金残高を照合することになりますが、別居前に相手が預金を引き下ろしている場合が多いので、基準時の少なくとも1年くらい前以降の取引履歴を照合するとよいでしょう。

　また、生命保険、年金保険等の加入の有無については、生命保険協会が窓口として照会先となり、協会の会員になっている保険会社に取り次ぎのうえ、各生命保険会社から照会事項に対して個別に回答する体制をとっていました。1件の申立て（仙台弁護士会は手数料5000円）で協会の会員になっている保険会社（約40社）に連絡のうえ、各保険会社から回答を得られることから、相手が保険に加入している可能性がある場合に活用されてきましたが、2017（平成29）年5月をもって各保険会社への取り次ぎが廃止されました。今後は各生命保険会社に個別に照会を行うことになります。

　なお、近時、個人情報であることを理由に照会に応じない機関もあります

のでご留意ください。

3　調査嘱託等

(1)　離婚訴訟中

　離婚訴訟では、調査嘱託の申立て（民事訴訟法186条）、文書提出命令（同法223条）および文書送付嘱託（同法226条）が利用できます。調査嘱託の申出が利用されることが多いです。調査嘱託の申出には、嘱託先と調査嘱託事項を記載する必要があります（【書式例3】）。

　調査嘱託の申立てをすると、嘱託先の金融機関等と取引があったことについて疎明を求められ、通帳の写し、取引明細書等の提出を求められる場合があります。

　裁判所は、いわゆる探索的な調査嘱託を採用することは望ましくないとしていますので、どこにどのような財産があるのかまったく見当がつかない場合にはこの手続は利用できません。

　財産分与制度は、婚姻中の夫婦間の家計管理が反映される面があります。夫が家計管理を行い、妻が夫の収入や預貯金、その他の財産について把握していない場合、財産分与の請求は難しくなります。同居中から夫婦の財産管理に関心をもってこれにかかわり、夫婦の実質的共有財産の把握に努めておくことが肝要となります。

　裁判所で調査嘱託が採用されても、嘱託先が同意書を求めてくることがあります。この場合は、相手に同意書の提出を請求することになります。しかし、相手が同意書の提出を拒んだ場合に、これを強制する方法はありません。

　ちなみに、東京家庭裁判所では、①調査嘱託を採用する場合は名義人の同意をとり、金融機関から同意書の提出が求められた場合にはこれに協力するよう求める、②正当な理由なく調査嘱託に同意しない場合には、相手の主張を前提とした事実認定がなされる可能性がある旨警告して同意を得る、とい

う取扱いがなされています（蓮井113頁）。

調査の結果、普通預金口座の取引履歴が明らかになり、銀行口座への送金の記載から証券会社で証券取引を行っていることがうかがわれる場合には、さらに追加で調査嘱託の申出をすることができます。

⑵　離婚調停中ないし財産分与審判手続中

家事審判手続について定める家事事件手続法62条は、「家庭裁判所は、必要な調査を官庁、公署その他適当と認める者に嘱託し、又は銀行、信託会社、関係人の使用者その他の者に対し関係人の預金、信託財産、収入その他の事項に関して必要な報告を求めることができる」と定めています。

離婚後の財産分与審判については、調査嘱託および報告の請求手続が利用できます。

家事事件手続法62条は、同法258条で調停手続にも準用されています。そこで、離婚調停に附随して財産分与の申立てがある場合や、離婚後、財産分与調停を申し立てた場合には、調査嘱託および報告の請求手続が利用できます。

問題は、調停において調査嘱託の手続が採用される場合がほとんどないことです。調停は、相手方を説得して財産を開示させることをめざして運用され、調査嘱託の申立てをしても採用されない場合が多いのです。当事者が分与対象財産を把握する方法は限られているので、調査嘱託が調停手続においても活用されるようになれば、当事者が財産開示に応じないために調停期日が空転したり、分与対象財産が明らかにならないことが一因となって財産分与の審理が進まず、離婚調停が成立しないという結果を防ぐことができます。調停手続において調査嘱託手続がほとんど活用されていない現状には問題があると考えます。

なお、裁判所がする事実の調査および証拠調べに関する嘱託の手続の事務には、裁判所書記官が行うことになっています（家事事件手続規則45条）。調停で調査嘱託が採用されない背景事情として、書記官等の人手不足があると

思われ、人員体制を含めた改善が求められていると思われます。

【書式例２】　調査照会申出書

平成○年○月○日

仙台弁護士会
　　会　長　○　○　○　○　　殿

住所　仙台市○○区○○町○丁目○番○号
電話　022－○○○－○○○○　FAX　022－○○○－○○○○
仙台弁護士会所属
　　弁護士　○　○　○　○　　㊞

私は、弁護士法第23条の２第１項に基づき、次のとおり照会の申出をいたします。

1　照会先
　　〒○○○－○○○○　仙台市○○区○○町○丁目○番○号
　　株式会社○○銀行　事務センター　事務集中課　照会調査グループ
　　　ご担当　株式会社○○銀行　事務管理部長　様
　　電話番号　022－○○○－○○○○

2　受任事件
　（1）裁判所　○○家庭裁判所
　（2）当事者　平成29年（家イ）第○○号夫婦関係調整（離婚）調停事件
　　　　　　　申立人　○　○　○　○　（依頼者）
　　　　　　　相手方　○　○　○　○

3　照会を必要とする理由
　　上記当事者において、婚姻期間中形成された財産を明らかにし、財産分与対象財産を確定するため。

4　照会申出書の副本の不送付の求めの有無
　　有　　　　㊇

5　照会事項
・貴行本・支店における、下記○○○○名義の下記預金等金融資産の有無及び現在の残高。
・金融資産がある場合には、○年○月○日から○年○月○日までの取引履歴

記

　　1　普通・総合・定期・積立・財形など預金一切
　　2　投資信託
　　3　公共債
　　4　金融商品仲介
　　5　生命保険商品

（住　　所）
（氏　　名）
フリガナ
（生年月日）

以　上

【書式例３】　調査嘱託申立書

平成29年（家ホ）第○○号　離婚等請求事件
原　告　○○○○
被　告　○○○○

調査嘱託申立書

平成29年○月○日

○○家庭裁判所　御中

　　　　　　　原告訴訟代理人　弁護士　○　○　○　○　㊞

第3章 財産分与の法と実務

1 証すべき事実
   財産分与の対象となる被告名義の資産の存在及びその額
2 調査嘱託先及び調査嘱託事項
   別紙のとおり

(嘱託先)
　〒◯◯◯-◯◯◯◯　仙台市◯◯区◯◯町◯丁目◯番◯号
　株式会社◯◯銀行　御中
　電話番号　022-◯◯◯-◯◯◯◯

(調査嘱託事項)
　貴行本・支店において、下記名義で存在する、あるいはかつて存在していた預金及び金融資産について、平成◯年◯月◯日から平成◯年◯月◯日に至るまでの取引履歴について、以下の事項にご回答ください。

　　ⅰ)　取引年月日
　　ⅱ)　取引内容・額
　　ⅲ)　取引後残高
　　ⅳ)　払戻年月日
　　ⅴ)　払戻額
　　ⅵ)　払戻後残高
　　ⅶ)　平成◯年◯月◯日現在の貴行預かり金融資産残高

　　　　　　　　　　　　　記
(被　告)
　　　　フリガナ
　　氏　名
　　生年月日
　　住　所

(嘱託先)

〒○○○-○○○○　○○市○○区○○町○丁目○番○号
○○生命保険株式会社　○○課　内容照会担当係　御中
電話番号　○○○-○○○-○○○○

(調査嘱託事項)

　貴社と下記被告との間に締結されている、あるいは過去に締結していたが、平成○年○月○日から平成○年○月○日までの間に解約・失効その他の原因で消滅した保険契約・年金契約について、以下の事項について、ご回答ください。

　ⅰ)　契約日
　ⅱ)　保険の種類・番号
　ⅲ)　保険掛金額
　ⅳ)　被保険者
　ⅴ)　当該保険契約にもとづき何らかの保険給付金を支払ったことがあれば、その額及び支払日、支払先金融機関
　ⅵ)　平成○年○月○日現在の解約返戻金額

記

(被　告)
　　　　氏　　名　(フリガナ)
　　　　生年月日
　　　　住　　所

(嘱託先)

〒○○○-○○○○　○○市○○区○○町○丁目○番○号
公益社団法人　日本医師会　年金・税制課　御中
電話番号　022-○○○-○○○○

（調査嘱託事項）

　貴会が行っている年金事業について、①年金支給の基準、及び②下記被告が貴会医師年金に加入している場合、あるいは過去に加入していたが、平成〇年〇月〇日以降現在までに脱退その他の原因で加入資格が消滅した場合の以下の事項につきご回答下さい。

ⅰ）加入日
ⅱ）平成〇年〇月〇日までに脱退その他の原因で加入資格が消滅していた場合、
　　(a)　脱退一時金を支給している場合その額、及び時期
ⅲ）平成〇年〇月〇日以降も加入が継続している場合
　　(a)　平成〇年〇月〇日に脱退したと仮定した場合の脱退一時金試算額
　　(b)　平成〇年〇月〇日時点において受給開始が可能だった場合、受給しうる年金試算額及び期間（受取方法（コース）毎に、受給しうる年金額、期間の試算をご回答お願い致します。）
ⅳ）平成〇年〇月〇日時点における、脱退一時金及び年金の試算が困難な場合、現時点（ご回答時）における脱退一時金、現時点で受給開始した場合の年金試算額及び期間をご回答下さい。
　　また、現時点までの累積掛金額及び平成〇年〇月〇日までの累積掛金額も併せてご回答下さい。

記

（被　告）
　　　　　　フリガナ
　　氏　　名
　　生年月日
　　住　　所

◎保全処分

> Q34：相手方が財産を処分するおそれがある場合にはどうしたらよいでしょうか。

A　離婚前であれば、いつでも、財産分与請求権を被保全権利として、家庭裁判所に預貯金・保険・退職金請求権・不動産などの財産の仮差押えの申立てをすることができます（人事保全）。離婚後は、審判前の保全処分の申立てをすることができます（家事保全）。

1　離婚前〜人事保全

(1) 人事保全の申立て

　財産分与請求権は家事審判事項ですが（家事事件手続法別表第2第4項）、裁判上の離婚に伴う財産分与は、人事訴訟である離婚訴訟に附帯して申し立てることができます（人事訴訟法32条、附帯処分）。離婚前であれば、いつでも、財産分与請求権を被保全権利として人事訴訟を本案とする保全処分の申立てをすることができます（人事保全）。

　人事保全として申し立てられる保全処分としては、このほかに人事訴訟法17条1項により人事訴訟に併合請求が認められている損害賠償（慰藉料請求）を被保全権利とする保全処分があります。

　人事保全の法的性質については、通常の民事保全と同一の法的性質を有するものであるとされ、保全処分の要件・審理については通常の民事保全と同様に考えれば足ります。

(2) 管　轄

　離婚訴訟を本案とする保全処分事件については、本案の管轄裁判所または仮に差し押さえるべき物もしくは係争物の所在地を管轄する家庭裁判所となります（人事訴訟法30条2項）。

(3) 保全処分の要件と審理

　保全処分については、被保全権利と保全の必要性の2要件が必要です（民事保全法13条1項）。この2要件について疎明を要することになります（同条2項）。離婚が被保全権利の当然の前提となるので、その認容についての蓋然性が要求されます。これに加えて、財産分与請求権を基礎づける事実を主張し、疎明資料を添付する必要があります。また、保全の必要性としては、相手方が財産を隠匿・処分しようとしているなど緊急性を具体的に主張します。

　実務上は、財産分与請求権を被保全権利とする仮差押えが利用されます。預金・退職金請求権、不動産などの仮差押えが行われています。特定物（住居など）について処分禁止の仮処分の申立てをする際には、申立人が当該財産の分与を受ける蓋然性が高いことが必要となります。

　保証金については、離婚になれば何らかの財産分与請求権が認められる可能性が高いので、通常の民事保全より若干低額になります。

(4) 不服申立て

　通常の民事保全の手続によります。保全処分に対し、債務者は保全異議の申立てをすることができます（民事保全法26条）。債権者は、保全処分の申立てを却下する裁判に対し、即時抗告ができます（同法19条1項）。

(5) 留意点——保全の必要性を熟考すること

　在職中に退職金請求権の仮差押えを行う場合には、退職金が支払われてし

まうと相手方がこれを隠匿・処分するおそれがあり、ほかに資産がないため執行が困難となるなどの保全の必要性があるのか、について熟考する必要があります。在職中の仮差押えは、相手方の職場での体面を傷つけることになり、相手の恨みをかって調停や訴訟上の和解による早期解決を困難にするからです。裁判所も、責任財産がほかにある場合は債務者に負担がかからないように、まず不動産、次に預貯金、最後に退職金請求権の差押えを認める傾向にあります。

2 離婚成立後〜家事保全の申立て

　離婚後の財産分与の請求は、家庭裁判所に離婚成立後2年以内に財産分与を求める審判・調停の申立てをすることになります。この場合、審判前の保全処分の申立てをすることができます（家事事件手続法105条1項・157条1項）。

　家事事件手続法制定前には、審判前の保全処分は、家事審判が係属している場合に限り申立てができるとされており、調停係属中の申立てはできませんでしたが、家事事件手続法はこの点を改正し、調停が係属していれば保全処分の申立てができるようになりました。

　ちなみに、離婚調停に附随して財産分与の申立てをしている場合には、あくまで一般調停である夫婦関係調整調停事件について附随的申立てとしての財産分与請求がなされているにすぎず、財産分与審判・調停が係属しているものではありません。したがって、財産分与請求を被保全権利として審判前の保全処分の申立てはできません。この場合は、人事訴訟法上の保全処分を申し立てる以外ないので、ご留意ください。

◎詐害行為

Q35：財産分与が取り消されるのはどのような場合ですか。

A　財産分与が不相当に過大である場合には詐害行為取消権の対象となります。

1　詐害行為の成否

　夫婦の一方（多くは夫）に借金がある場合、離婚した妻に対し財産分与を行うと、夫の債権者が、財産分与が詐害行為にあたるとして、その取消を請求することがあります（民法424条）。

　しかし、法定財産制を夫婦別産制として、別産制の不都合（夫婦の協力関係が財産の帰属に反映されないこと）について、婚姻中は特に問題とせず、離婚や死亡による婚姻解消時に考慮するとしている以上（財産分与や配偶者相続権）、第三者（債権者等）との関係で経済的危機が生じたときに、離婚をして財産分与を行ったとしても、そのこと自体が非難に値するというものではありません。

　最二小判昭58・12・19民集37巻10号1532頁は、夫が多額の負債を抱えて倒産し、協議離婚の際に夫が土地を財産分与として妻に譲渡したことが、詐害行為にあたるとして、夫の債権者が取消請求した事案です。

　最高裁判所は、「分与者が債務超過であるという一事によって、相手方に対する財産分与をすべて否定するのは相当でなく、相手方は、右のような場合であってもなお、相当な財産分与を受けることを妨げられない」「財産分与が民法768条3項の規定の趣旨に反して不相当に過大であり、財産分与に仮託してされた財産処分であると認めるに足りるような特段の事情のない限り、詐害行為として、債権者による取消の対象となりえない」と判断してい

ます。

2 詐害行為取消権の対象となる財産分与の範囲

最一小判平12・3・9民集54巻3号1013頁は、婚姻期間3年余りの夫婦間で、協議離婚に際し、夫から妻に、再婚するまでの間の生活補助として毎月10万円を支払うことおよび慰謝料として2000万円を支払うことが合意され、夫の債権者が、この合意について詐害行為取消を求めた事案です。

判決は、離婚に伴う財産分与として金銭の給付をする旨の合意が、民法768条の趣旨に反して不相当に過大であり、財産分与に仮託してされた財産処分であると認めるに足りるような特段の事情があるときは、不相当に過大な処分について、その限度において詐害行為として取り消されるべきであるとしています。結論として、扶養的財産分与のうちの不相当に過大な額と慰謝料として負担すべき額を超える額を算出したうえで、その限度で合意を取り消すべきであるとしました。

このようにすでになされた財産分与について、各要素（清算／扶養）ごとに判断された相当な範囲を超える部分については、詐害行為として一部取消が認められることになります。

財産分与の対象が金銭などの可分のものである場合には、分与を受けた者は超過部分を返還すべきことになります。分与対象物が不可分の場合（不動産など）、価額による賠償となります。

大阪高判平16・10・15判時1886号52頁は、当該夫婦間の財産分与額を決定するにあたっては、扶養の要素を考慮する必要性はない、また精神的損害の要素を考慮することも相当ではない、実質上の共同財産の清算分配の点のみを考慮すれば足りるとして、財産分与された建物の共有持分2分の1ないしこれに相当する金員を上回る部分については、不相当に過大であるとして、妻に対し価額弁償するよう命じています。

◎財産分与に対する課税処分

Q36：財産分与をして課税される場合がありますか。

A 不動産を譲渡する場合に、譲渡者に譲渡所得税が課税されるおそれがあります。

1 不動産譲渡に伴う課税がなされた事例

　財産分与、慰藉料ともに、金銭で支払われる場合には、財産分与を行う者に対する課税はありません。一方で、財産分与が不動産などの資産の譲渡によって行われる場合には、資産が購入時より値上がりしていたときには譲渡所得税が課税されます。

　最三小判昭50・5・27民集29巻5号641頁は、①譲渡所得税は資産の値上りによる増加益を所得として課税する趣旨のものであるから譲渡が有償か無償かを問わない、②財産分与者は不動産の譲渡によって財産分与義務が消滅するという経済的利益を得ているとして、課税処分を正当としています。

　これを受けて出された通達（所得税基本通達33－1の4）もまた「民法第768条の規定による財産の分与として資産の移転があった場合には、その分与をした者は、その分与をした時においてその時の価額により当該資産を譲渡したこととなる」「財産分与による資産の移転は、財産分与義務の消滅という経済的利益を対価とする譲渡であり、贈与ではない」としています。

　このような判例・課税実務のあり方に対しては、清算的財産分与として不動産の分与が行われた場合については、分与を受けた者の潜在的持分の顕在化あるいは実質的共有財産の分割とみるべきであり、「資産の譲渡」ではないとする批判があります。しかし、判例・課税実務とも取扱いが確定していますので、財産分与として不動産の譲渡を行う場合には、譲渡所得税につい

て十分留意する必要があります。

2 高額な課税処分がなされ、財産分与契約の錯誤無効が認められた例

　土地・建物を妻に譲渡した夫（銀行員）が、後日2億円近い譲渡所得税が課税されることを知り、財産分与契約について錯誤無効を主張した事例で、**最一小判平元・9・14家月41巻11号75頁**は、自己に課税されないことを当然の前提としていることが黙示的に表示されていると認められるから、錯誤無効を認めなかった原審は失当であるとして、錯誤の成否、重過失の有無を審理すべきであるとして原審に差し戻しています。

　差戻後控訴審は、銀行員でも一般的知識として財産分与者に譲渡所得税が課税されることを理解しているとはいえず、自己に課税されないと信じたことにつき重過失があるとはいえないとして、錯誤無効を認めています（東京高判平3・3・14判時1387号62頁）。

3　弁護士賠償責任保険の適用事例

　財産分与に伴い、当事者が予想していなかった課税が生じ、弁護士賠償責任保険の適用を受けた例があります。

　共有名義となっている自宅不動産について、夫が取得して残ローンも夫が負担するという内容の財産分与を行うとする調停がまとまった際に、共有名義の譲渡によって妻に税負担が生じる場合には、相当額を夫が負担する内容を追加してほしいと言われた弁護士が、財産分与をする方には課税されないと認識していたことから、これを了解したうえで調停成立となった事案について、後日、妻に130万円の譲渡所得税が課税されることがわかりました。妻から税金相当額の支払いを求められた夫が、委任していた弁護士に対し、税金はかからない旨説明されたとして税額の負担を求めた事案で、請求額の2分の1について弁護士賠償責任保険が認容された例があります（全国弁護士協同組合連合会編『弁護士賠償責任保険の解説と事例〔第5集〕』61頁）。

第4章
離婚時年金分割制度の法と実務

◎年金分割制度の概要

> Q1：離婚時年金分割制度とはどのような制度ですか。

A　離婚したときに、婚姻期間中の保険料納付記録を夫と妻の間で分割することができるというもので、「合意分割」と「3号分割」があります。

1　年金分割制度導入の背景

　近時、比較的婚姻期間の長い夫婦の離婚件数が増加し、離婚後の生活が問題となる中で、現役時代の男女間の雇用格差・給与格差を背景として、夫婦双方の年金受給額に大きな格差が生じることが問題とされるようになりました。すなわち、老齢基礎年金（1階部分）は夫と妻にそれぞれ支給されるものの、厚生年金報酬比例部分（2階部分）は、被保険者だけに支給されることから、夫婦の一方（多くは夫）が正規社員として働き、他方妻は専業主婦もしくはパートなどで働いている場合には、夫のみが厚生年金の受給権者となり、離婚後の双方の年金受給額に大きな開きが出ます。そこで、婚姻期間

中に正規社員の夫を支えた妻の貢献度を年金額に反映させ、夫婦2人の老後の生活を支える年金が、離婚してもそれぞれの生活を支えることができるようにするべく、離婚時年金分割の制度が導入されました。

2　制度の概要

(1)　合意分割と3号分割

　年金分割制度には、2つの制度があります。「合意分割」は、2007（平成19）年4月から始まった制度であり、夫と妻が年金を分割することおよび分割割合について合意し、合意ができない場合には、夫婦の一方が家庭裁判所に申立てをして、裁判所が按分割合を決定し、これにより離婚時に保険料納付済額を分割（限度は2分の1）することができる制度です。

　一方、「3号分割」は、2008（平成20）年4月から始まった制度であり、正規社員（多くは夫）の被扶養者（多くは妻）について、相手の被扶養者となっていた期間＝第3号被保険者期間について、夫が負担した保険料は、妻が共同して負担したものであるという基本的認識の下で、離婚時に、妻が年金事務所に請求すれば、夫の厚生年金の保険料納付済額の2分の1（法定）を強制的（自動的）に分割することができる制度です（〔図表4－1〕）。

(2)　何が分割されるのか〜保険料納付記録

　年金分割は、夫が200万円の年金を受給していれば、最大もしくは自動的にその2分の1の100万円を妻が現金で受け取れるものと誤解されがちです。しかし、年金分割制度で分割されるのは、厚生年金額を算出する際の基礎となっている「保険料納付記録」の分割です。したがって、夫に年金が支給されるときに、その年金を分割して、夫と妻のそれぞれの口座に振り込まれるというものではありません。

　年金分割によって分割を受けた側（多くは妻）は、日本年金機構を通じて、自分の年金として、分割を受けた年金を受給することができます。離婚

〔図表４－１〕　合意分割／３号分割

	合意分割	３号分割
施行日	2007（平成19）年４月１日	2008（平成20）年４月１日
対象となる離婚	2007（平成19）年４月１日以降の離婚	2008（平成20）年５月１日以降の離婚（＊）
合　意	必　要	不　要
対象期間	婚姻期間（施行日前の期間も含む）	2008（平成20）年４月１日以後の３号被保険者期間
当事者	第１号改定者（分割する人）第２号改定者（分割を受ける人）	特定被保険者（分割する人）被扶養配偶者（分割を受ける人）
按分割合	夫と妻の標準報酬総額の２分の１以下の範囲内で合意で定める割合	標準報酬総額の２分の１（法定）
請求期間	離婚後２年以内	離婚後２年以内

（＊）　離婚等した場合の前月までが分割の対象となるため、2008（平成20）年５月以降に離婚等した場合に３号分割を行うことができる。

後、年金分割が行われた後に、元配偶者（元夫）が死亡しても、年金受給権には何の影響もありません。

　年金分割に際しては、これまで納めた年金保険料の状況、離婚したときに支払われる年金額などの情報を正確に把握する必要があります。日本年金機構では、「年金分割のための情報通知書」、これに加えて、50歳以上の方には「年金分割を行った場合の年金見込額のお知らせ」によって、夫と妻に年金に関する情報の提供をして、誰でも分割手続が行われるよう援助してくれます（Ｑ３）。

3　改定通知

　年金分割を請求すると、厚生労働大臣等実施機関は、その請求にもとづい

て、標準報酬の改定をします（行政処分）。改定した結果は、改定後の保険料納付金額として通知されます。この通知によって、実際に年金が分割されたことがわかるしくみになっています。

4　日本の年金制度の体系と年金分割・財産分与

　日本の年金制度は、三層構造となっており、全国民を対象とした基礎年金（国民年金）が1階部分、報酬に比例して支給する厚生年金・旧共済年金が2階部分となっており、これらの公的年金に加えて、さらに上乗せされた3階部分に企業年金（厚生年金基金・確定給付企業年金・確定拠出年金）が位置

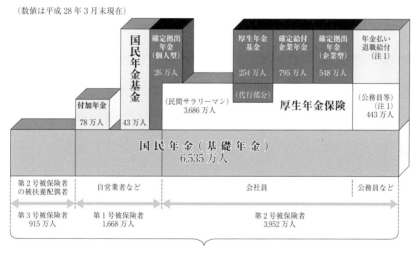

〔図表4－2〕　年金制度の体系

（出典：企業年金連合会ホームページ＞企業年金のしくみ＞企業年金制度と通算年金＞企業年金制度）
（※）　2017（平成29）年1月から、確定拠出年金（個人型）は、第3号被保険者、公務員も加入できることになった。図表、数値ともそれ以前のものである。
（注1）　被用者年金の一元化に伴い、公務員および私学教職員も厚生年金保険に加入。共済年金の職域加算部分は廃止され、新たに年金払い退職給付が創設された。

づけられています。

　離婚時年金分割制度は、このうち2階部分である厚生年金保険についての分割制度であり、3階部分の企業年金は、財産分与の対象になります（Q17、Q18）。

◎「合意分割」制度の概要

Q2：合意分割制度とはどのような制度ですか。

A 合意分割は、当事者の合意または家庭裁判所の決定により、年金分割を行う制度です。

合意分割は、夫と妻が分割することとその分割割合（以下、「按分割合」という）について合意し、合意ができないときは、夫婦の一方が家庭裁判所に申立てをして、裁判所で按分割合が決定されれば、離婚時に婚姻期間中の保険料納付記録を分割（按分割合の上限は最大2分の1）することができるという制度です（厚生年金保険法78条の2）。

1 対象となる当事者

対象となる当事者は、「第1号改定者」「第2号改定者」と呼ばれます。「第1号改定者」は、厚生年金保険の被保険者で、合意分割により標準報酬額が低額に改定される人＝年金を分割される人をいいます。「第2号改定者」は、第1号改定者の配偶者だった人で「第1号改定者」から標準報酬の分割を受ける人（年金の分割を受ける人）をいいます。国民年金保険法の第3号被保険者（たとえば専業主婦などの第2号被保険者の被扶養配偶者）に限らず、第1号被保険者（自営業者など）や第2号被保険者（被用者年金の被保険者）も含まれます。

事実婚（内縁）の場合も合意分割ができますが、事実婚関係にあった期間のうち、相手の被扶養者となっていた期間（第3号被保険者期間）に限り、分割することができます。

2　分割の対象

　公的年金制度は、国民年金（基礎年金）を基礎（1階部分）とした2階建てになっています。合意分割では、会社員や公務員に支給される2階部分の厚生年金（旧共済年金を含む）が分割される年金（対象）とされています。したがって、2階部分をもたない自営業者の場合、分割されるべき年金がないので、配偶者は、年金分割の当事者にはなれません。

　分割された厚生年金を受け取るためには、基礎年金を受給する資格が必要です（2017（平成29）年8月1日から資格期間が10年に短縮されました）。

　また、2015（平成27）年10月1日以降は、いわゆる被用者年金一元化法施行により、従来、共済年金に加入していた国家公務員、地方公務員、私立学校の教職員も、厚生年金に加入することとなり、2階部分の年金は厚生年金に統一されました。これに伴い、離婚時年金分割について取扱いが従来と変更になっていますので、注意が必要です（被用者年金一元化法施行に伴う変更については、Q7）。

3　対象となる期間

　分割の対象となる期間は、婚姻していた期間です。たとえ長期間にわたって別居が続いていても、分割の対象となる期間は、離婚が成立するまでの期間となります。長期間の別居は、按分割合を定める際の考慮事情となり得ますが、裁判例は相当長期間の別居が続いていても按分割合は0.5としています（Q8）。なお、制度が始まった2007（平成19）年4月1日以前に離婚している場合は、年金分割制度の適用自体がありません。

4　按分割合の範囲

　按分割合とは、夫と妻が婚姻期間中に厚生年金に加入して得た標準報酬の合計額を分けるとき、分割を受ける側の標準報酬をどのような割合にするか、その「持分」を示す数値をいいます。

按分割合の上限は2分の1とされていますが、下限は年金分割の合意によって年金分割を受ける人（第2号改定者）が、自らの標準報酬額を減額されることのないようにするために定められます。たとえば、対象期間の標準報酬総額が、夫6000万円、妻4000万円である場合、総額は1億円となり、これを夫と妻の間で分割することになりますが、按分割合が0.4を下廻ると、妻は、年金分割の合意によって自らの標準報酬総額を減額されてしまいます。そこで、0.4を下廻る合意はできません。よって、按分割合の範囲は、0.4を超え0.5以下になります（「年金分割のための情報通知書」に「按分割合の範囲」が明記されています。Q3〈資料②〉）。

5　按分割合の取り決め

　按分割合は、夫と妻の話合いにより取り決めることになります（Q4）。夫と妻で話合いができないとき、按分割合をめぐる争いがある場合には、家庭裁判所の調停・審判でその割合を決めることになります（家事事件手続法別表第2第15項、家事審判事項）（Q5）。

6　請求期間

　原則として、離婚が成立した日（判決離婚確定日、調停離婚成立日、協議離婚届出日）の翌日から2年を経過すると、分割の請求はできなくなります。2年を過ぎた後に、年金分割の審判・調停が成立した場合には、1か月以内に年金事務所に改定請求できる旨の救済措置（特例）がありますが、この期間を徒過するケースが多く、注意が必要です（Q6）。

7　相手方の死亡

　離婚が成立し、年金分割について合意していても、年金事務所に改定請求する前に相手が死亡してしまった場合は、死亡日から1か月を経過してしまうと請求できなくなります（Q6）。
　また、離婚後2年以内であっても、年金分割の合意をする前に相手が死亡

してしまえば、年金分割はできなくなります。

　たとえ、離婚後２年以内に年金分割の調停・審判を申し立てたとしても、調停成立・審判確定前に相手方が死亡すると、調停・審判事件は当事者死亡により終了します。

　厚生年金では、被保険者が死亡した場合は、厚生年金の受給権が消滅し（厚生年金保険法45条）、年金分割審判の対象自体が消滅します。この場合、被保険者（死亡した者）により生計を維持されていた「遺族」に「遺族厚生年金」が支給されることになっています（同法59条１項）。

　一方で、財産分与請求事件において、審判係属中に相手方が死亡した場合は、財産分与義務が相続の対象となり、相続人が手続を受継することになります（内縁関係解消後、財産分与の審判手続中に分与義務者が死亡した場合において、財産分与義務の相続性を認めた裁判例として、**大阪高決平23・11・15判時2154号75頁**）。

8　取消・変更

　年金分割の合意にもとづき、厚生労働大臣等より、いったん標準報酬の改定が行われると、これを当事者間の合意で取り消したり、変更したりすることはできません。改定は、厚生労働大臣の行う行政処分であり、年金分割の改定処分を取り消すためには、処分のあったことを知った日から60日以内に社会保険審査官に対する審査請求をすることができます。合意をした覚えがないのに、合意がされたとして改定された場合は、社会保険審査官に対し審査請求をすることができます（年金分割99頁）。

　一方で有効な合意が成立した後の合意の取消・変更は、行政処分の取消事由にはなりません。詐欺・錯誤などによる取消・無効の事由がある場合であっても同様であると解されています（年金分割172頁）。この場合は、別途、相手に対する損害賠償を請求するなどの方法により被害を回復するほかありません。

◎年金分割請求の準備

Q3：年金分割を請求するには、まず何をすればよいでしょうか。

A 「年金分割のための情報通知書」を取り寄せます。50歳以上の人は、これと併せて「年金分割を行った場合の年金見込額のお知らせ」を取り寄せます。

　年金分割は、夫と妻が年金分割をすることと、分割の割合（按分割合）について合意ができれば、合意書を年金事務所に提出する（改定請求）、または公正証書を作成したうえで、これを年金事務所に提出することによって行うことができます（Q4）。この場合は、夫と妻の基礎年金番号さえわかれば「年金分割のための情報通知書」を取り寄せる必要はありません。

　しかし、離婚調停と併せて年金分割の申立てをする場合や、離婚後、相手が年金分割に応じない場合には、家庭裁判所の調停や審判手続を利用することになります（家事事件手続法別表第2第15項・233条）。

　家庭裁判所の手続を利用する場合には、年金事務所から「年金分割のための情報通知書」を取り寄せる必要があります。50歳以上の人には、希望すれば「年金分割を行った場合の年金見込額のお知らせ」を交付してくれます。これも併せて取り寄せると、年金分割を行った場合、年金が受け取れる金額がわかりますので、入手することが肝要です。

1　請求先／必要書類

　請求先は、年金事務所です。被用者年金一元化法により、国家公務員、地方公務員、私立学校教職員に関する情報も年金事務所で取得できるようになりました。年金事務所にある「年金分割のための情報提供請求書」に必要事項を記載し、年金手帳、戸籍謄本を持参して提出すれば、2、3週間で取り

寄せることができます（公務員については、年金事務所から共済組合に書類を回すので時間がかかります。急ぐ場合は直接各共済組合に請求した方がよいです）。

2　相手にも通知書が送付されるのか？

　離婚前は、請求したほうにのみ交付されます。離婚を考えていることを相手に知られることなく「情報通知書」等を入手することができます。離婚後は、請求者の相手方にも通知書が送られます。

3　「情報通知書」の読み方（〈資料②〉）

　「第1号改定者」とは、合意分割により、標準報酬が減額される人＝年金分割をされる人（多くは夫）、「第2号改定者」とは、第1号改定者の配偶者で、標準報酬の分割を受ける人（多くは妻）です。
　対象期間の標準報酬の総額が、第1号改定者（鈴木一男）について2億9000万円、第2号改定者（鈴木花子）については1400万円であり、合計3億400万円の標準報酬総額が分割対象となることが読み取れます。按分割合は、妻の標準報酬総額1400万円を合意分割によって割り込まないように、下限が4.6％と明記されています。
　年金分割は、4.6％を超え、50％以下の範囲で、合意もしくは家庭裁判所の決定により定められることになります。

4　「年金分割を行った場合の年金見込額のお知らせ」の読み方（〈資料③〉）

　年金分割の按分割合を50％とした場合、鈴木花子（第2号改定者）には65歳から厚生年金として年額84万9000円（84万3000円＋6000円）が支給されます。年金分割を行わない場合は、厚生年金は年額1万3000円（7000円＋6000円）です。年金分割を行うことによって、老齢基礎年金68万円と合わせて年間152万9000円の年金を自分の年金として死亡するまで受給できることが読み取れます。

〈資料②〉 年金分割のための情報通知書①(日本年金機構)

年金分割のための情報通知書
(厚生年金保険制度)

平成28年4月○日

鈴 木 花 子 様

日本年金機構理事長　印

鈴木花子 様より、年金分割のための情報提供の請求がありましたので、情報を提供いたします。

氏　　　名	(第1号改定者)　鈴　木　一　男		
	(第2号改定者)　鈴　木　花　子		
生　年　月　日	(第1号改定者)　昭和22年　○月　○日		(第2号改定者)　昭和29年　○月　○日
基礎年金番号	(第1号改定者)　＊＊＊＊＊＊＊＊＊＊		(第2号改定者)　○○○○－○○○○○○
情報提供請求日	平成28年3月　○日		
婚姻期間等	昭和54年12月　○日　〜　平成28年3月　○日＊		
	(＊　①　情報提供請求日　2. 離婚が成立した日　3. 婚姻が取り消された日　4. 事実婚関係が解消したと認められる日)		
対象期間標準報酬総額	(第1号改定者) 290,000,000円		(第2号改定者) 14,000,000円
按分割合の範囲	**4.606%を超え、50%以下** ※按分割合とは、当事者双方の対象期間標準報酬総額の合計額のうち、分割後における分割を受ける側(第2号改定者)の持分を表すもので、この按分割合の範囲内で定めることになります。		

対象期間	昭和平成 54年12月○日 〜 昭和平成 28年3月○日	昭和平成　年　月　日 〜 昭和平成　年　月　日
	昭和平成　年　月　日 〜 昭和平成　年　月　日	昭和平成　年　月　日 〜 昭和平成　年　月　日
	昭和平成　年　月　日 〜 昭和平成　年　月　日	昭和平成　年　月　日 〜 昭和平成　年　月　日
	昭和平成　年　月　日 〜 昭和平成　年　月　日	昭和平成　年　月　日 〜 昭和平成　年　月　日
対象期間の末日以後に提供を受けた情報について補正に要した期間	平成　年　月　日 〜 平成　年　月　日	平成　年　月　日 〜 平成　年　月　日
厚生年金保険法施行規則第78条の3第3項第2号に規定する期間	平成　年　月　日 〜 平成　年　月　日	厚生年金保険法施行規則第78条の3第3項に定める請求期間

〈資料③〉 年金分割を行った場合の年金見込額のお知らせ

年金分割を行った場合の年金見込額のお知らせ

鈴木花子 様　　（基礎年金番号　〇〇〇〇-〇〇〇〇〇〇）

※　平成28年4月〇日の年金分割のための情報通知書にお示しした按分割合の範囲に基づき年金分割を行った場合の年金見込額についてお知らせします。
※　この年金見込額は上記の基礎年金番号で管理されている年金加入記録に基づいて試算しております。（年金加入記録は、別紙の「被保険者記録照会回答票」をご覧ください。）

日本年金機構　東京事務センター

平成28年3月〇日現在の年金見込額です。

【按分割合50％（上限）の場合】

年金を受けられる年齢		歳	歳	65歳
年金の種類と年金額	厚生年金保険	特別支給の老齢厚生年金 （報酬比例部分） ＊＊＊＊＊＊＊円	特別支給の老齢厚生年金 （報酬比例部分） ＊＊＊＊＊＊＊円	老齢厚生年金 （報酬比例部分） 843,000円
			（定額部分） ＊＊＊＊＊＊＊円	（経過的加算部分） 6,000円
	国民年金			老齢基礎年金 （うち振替加算額） 680,000円 （＊＊＊＊＊＊＊円）
合計年金額（年間支給額）		＊＊＊＊＊＊＊円	＊＊＊＊＊＊＊円	1,529,000円

【年金分割を行わない場合】

年金を受けられる年齢		歳	歳	65歳
年金の種類と年金額	厚生年金保険	特別支給の老齢厚生年金 （報酬比例部分） ＊＊＊＊＊＊＊円	特別支給の老齢厚生年金 （報酬比例部分） ＊＊＊＊＊＊＊円	老齢厚生年金 （報酬比例部分） 7,000円
			（定額部分） ＊＊＊＊＊＊＊円	（経過的加算部分） 6,000円
	国民年金			老齢基礎年金 （うち振替加算額） 680,000円 （＊＊＊＊＊＊＊円）
合計年金額（年間支給額）		＊＊＊＊＊＊＊円	＊＊＊＊＊＊＊円	693,000円

【按分割合　＊＊＊％（希望された按分割合）の場合】

年金を受けられる年齢		歳	歳	歳
年金の種類と年金額	厚生年金保険	特別支給の老齢厚生年金 （報酬比例部分） ＊＊＊＊＊＊＊円	特別支給の老齢厚生年金 （報酬比例部分） ＊＊＊＊＊＊＊円	老齢厚生年金 （報酬比例部分） ＊＊＊＊＊＊＊円
			（定額部分） ＊＊＊＊＊＊＊円	（経過的加算部分） ＊＊＊＊＊＊＊円
	国民年金			老齢基礎年金 （うち振替加算額） ＊＊＊＊＊＊＊円 （＊＊＊＊＊＊＊円）
合計年金額（年間支給額）		＊＊＊＊＊＊＊円	＊＊＊＊＊＊＊円	＊＊＊＊＊＊＊円

※　年金分割のための情報提供請求書の提出時に希望された按分割合が、今回、年金分割のための情報通知書により通知された按分割合の範囲外であるときは、希望された按分割合による年金見込額は試算できませんので、ご了承ください。

◎合意の方法と公正証書を利用するメリット

Q4：年金分割について事実上の合意ができて協議離婚する場合、離婚届を出した後でなければ年金分割の合意はできないのでしょうか。

A　公正証書を作成する方法による場合には、離婚届を提出する前に取り決めをしておくことができます。

　年金分割の合意については、立法当初は公正証書を作成する必要がありましたが、その後取扱いが変わり、当事者双方が年金事務所に「年金分割の合意書」（〈資料④〉）を提出して、改定請求を行うことができるようになりました。本人同士の出頭が難しい場合は、代理人を立てることができます（〈資料⑦〉）。

　しかし、この場合、①離婚成立後に限られるため、相手方が合意を撤回したり、手続に協力しないおそれがあること、②弁護士が代理人として改定請求を行う場合、必要書類の取り寄せや書類作成が煩雑であること（〈資料⑥〉）、③年金事務所で長時間待たされる場合があるなどの難点があります。

　この点、公正証書を作成する場合は、手数料がかかりますが（約１万4000円）、公正証書を作成した後で離婚届を提出することができます（〈資料⑤〉）。この場合、離婚後、公正証書を添付して、当事者のいずれか一方が年金事務所において改定請求を行うことになります。なお、公正証書を作成する場合は、双方の基礎年金番号がわかれば「年金分割のための情報通知書」を取り寄せる必要はありません。

　双方弁護士が代理人に就いて協議離婚する場合、または調停期日ないし和解期日に離婚の合意ができたが、情報通知書の取り寄せが間に合わず、年金分割については後日に行うこととした場合には、公正証書を作成するのがよいでしょう。

〈資料④〉 年金分割の合意書

年金分割の合意書

【合意内容】

(甲)_____と(乙)_____は、次の事項について合意したので、ここに合意書を作成する。

第一条　厚生年金保険法第78条の2第1項の規定に基づき、標準報酬の改定又は決定の請求をすること。
第二条　第一条に規定する請求について、請求すべき按分割合を
　　　　　　　　　0.□□□□
とすること。

平成　　年　　月　　日

署名等（甲）	基礎年金番号	－	
	生年月日	明治・大正 昭和・平成	年　　月　　日
	氏　　名		

署名等（乙）	基礎年金番号	－	
	生年月日	明治・大正 昭和・平成	年　　月　　日
	氏　　名		

※記入・署名の前に裏面の注意事項を必ずお読みください。

年金事務所等使用欄		※職員が記入するため、請求者は記入不要です			
	提出者区分	確認書類	印鑑照合欄	確認欄	受付印
甲	本人・代理人	免許証　・パスポート 個人番号カード・印鑑証明書			
乙	本人・代理人	免許証　・パスポート 個人番号カード・印鑑証明書			

〈資料⑤〉　離婚時年金分割契約公正証書

平成27年第○○○○号

離婚時年金分割契約公正証書

本職は、平成27年○○月○○日、当事者の嘱託により、次の法律行為に関する当事者の陳述の趣旨を録取し、この調書を作成する。

【法律行為の内容】

第1条　○○○○（以下、「甲」という。）と○○○○（以下、「乙」という。）は、協議離婚するに当たり、離婚時年金分割に関して以下のとおり合意する。

第2条　甲（第2号改定者・基礎年金番号○○○○－○○○○○○）及び乙（第1号改定者・基礎年金番号○○○○－○○○○○○）は、厚生労働大臣に対し、対象期間に係る被保険者期間の標準報酬の改定の請求をすること及び請求すべき按分割合を0.5と定めることを合意する。

第3条　甲は、本契約成立後速やかに、厚生労働大臣に対し、前条の請求をし、乙はこの請求手続に協力する。

以下余白

第4章　離婚時年金分割制度の法と実務

〈資料⑥〉　合意分割請求手続～「年金分割の合意書」を作成したとき～

離婚後に「標準報酬改定請求書」に以下の書類を添えて年金事務所または街角の年金相談センターに提出します。

	添付書類	請求者（甲）	配偶者（乙）	備考
1	年金手帳または基礎年金番号通知書	◎		
2	婚姻期間等を明らかにできる書類	◎	◎	戸籍謄本、それぞれの戸籍抄本、戸籍の全部事項証明書またはそれぞれの戸籍の個人事項証明書のいずれかの書類 ※甲乙の一方が「除籍」と記載された戸籍謄本が必要
3	請求日1か月以内に作成された、2人（甲乙）の生存を証明できる書類	◎	◎	戸籍謄本、それぞれの戸籍抄本、戸籍の全部事項証明書、それぞれの戸籍の個人事項証明書または住民票のいずれかの書類 ※2の書類で確認できる場合は必要なし
4	事実婚関係にある期間の合意分割請求する場合は、その事実を明らかにする書類			住民票等
5	年金分割を明らかにできる書類（年金分割の合意書〈資料④〉）	◎		甲乙それぞれ本人が記入する 押印は実印でなくても可 備え付けの様式でないと受付できない
6	委任状（年金分割の合意書請求用）〈資料⑦〉	○	○	甲乙それぞれ本人が記入し、実印を押印する 代理人住所は身分証明書記載のものを記入する
7	印鑑証明書	○	○	委任状を提出した場合に添付する
8	年金分割の請求をされる方（代理人を含む）の本人確認ができる書類	◎	◎	甲乙またはそれぞれの代理人を確認できる顔写真付きの身分証明書（運転免許証、パスポートなど）

◎…場合を問わず必要な書類　　○…代理人を立てる場合に必要な書類

書類が揃ったら

請求者（甲）と配偶者（乙）（本人同士の届出が難しい場合は、それぞれが別の代理人を立てる必要があります。片方が本人で他方が代理人でも可）が年金事務所または街角の年金相談センターの窓口に直接持参し手続します（必ず2人で持参することが必要です）。なお、郵送による改定請求はできません。

Q4 合意の方法と公正証書を利用するメリット

〈資料⑦〉 委任状（年金分割の合意書請求用）

委 任 状（年金分割の合意書請求用）

代理人（委任される方）

フリガナ		本人との関係	
氏　　名			
住　　所	〒　　－　　　　　電話（　　）　－		

　私は、上記の者を代理人と定め、下記の権限を委任します。

ご本人（委任をする方）

基礎年金番号		－			平成　　年　　月　　日	
フリガナ				生年月日	明治 大正 昭和 平成	年　月　日
氏　　名	㊞（旧姓　　　）					
住　　所	〒　　－　　　　　電話（　　）　－					
委任する内容	標準報酬改定請求書を提出する権限及び年金分割の合意書に記載された署名が間違いなく私本人のものであることを年金事務所長等に申し立てる権限を委任いたします。					

◎年金分割の合意ができない場合の手続

> Q5：年金分割の合意ができない場合、どうしたらよいでしょうか。

A　離婚前なのか、離婚後なのかにより手続が異なります。

1　離婚前

　離婚については双方の合意があっても、年金分割の合意ができない場合には、離婚調停を申し立て、調停に付随して年金分割の申立てをします。
　離婚調停が不成立となって離婚訴訟を起こす場合には、離婚訴訟の附帯処分として年金分割の按分割合の決定を裁判所に申し立てます（人事訴訟法32条1項）。

2　離婚成立後

　離婚成立後、2年以内に家事調停または家事審判の申立てをすることができます（家事事件手続法別表第2第15項・233条審判事項）。家事審判の申立てが簡便であり、多くは家事審判の申立てをしています。管轄は、申立人または相手方の住所地の家庭裁判所になっています（同法233条1項）。
　家庭裁判所は申立てがあると、相手方に照会書を送り、特段の事情がない限り、書面審査のみで按分割合を決定します。なお、家事事件手続法68条2項は、家事審判における当事者の陳述聴取について、「当事者の申出があるときは、審問の期日においてしなければならない」と定めていますが、年金分割の審判について、この条項は適用されません（家事事件手続法233条3項）。
　年金分割の審判に対し、不服がある場合には2週間以内に即時抗告の申立てをすることができます（家事事件手続法233条2項・86条1項）。

◎改定請求の方法と離婚後２年以内の期限

> Q6：年金分割の審判・調停により、年金分割の合意ができましたが、年金分割の改定請求は、どこに、いつまでにすればよいのでしょうか。

A　離婚後２年以内に年金事務所に改定請求をしないと、権利を失います。ただし、２年経過後に年金分割の審判が確定したり、調停が成立した場合には、１か月以内に改定請求をしないと権利を失います。近時、この１か月の期限を徒過して弁護士賠償責任保険の請求がなされる事例が多発しているので、注意が必要です。

1　改定請求の意義

　夫と妻の間で年金分割について公正証書を作成したり、離婚調停や年金分割審判、あるいは離婚判決の附帯処分で按分割合を定めていても、年金事務所や共済組合に標準報酬の改定請求を行わなければ、年金分割は行われません。

2　改定請求の期限（〔図表４－３〕）

　原則として、離婚成立日の翌日から２年以内です（厚生年金保険法施行規則78条の３第１項）。離婚調停や離婚判決で年金分割の按分割合を定めた場合は、離婚成立日（離婚調停成立日または離婚判決確定日）の翌日から２年となります。

(1) 審判・調停申立ての場合の救済措置

　問題は、協議離婚後に年金分割について審判・調停を申し立てた場合に生

じます。すなわち、協議離婚したものの、年金分割を取り決めることができなかったため、家庭裁判所に年金分割の審判・調停を申し立てることがありますが、離婚成立日（協議離婚届出日）から2年以内に年金分割の審判・調停を申し立てても、審判確定や調停成立に時間がかかり、離婚後2年の期限を徒過してしまう場合があるからです。

　この場合の救済措置として、〔図表4－3〕の特例があります（厚生年金保険法施行規則78条の3第2項）。

【A】　離婚成立から2年以内に、按分割合に関する審判・調停の申立てをした場合であって、離婚後2年経過後に審判確定もしくは調停が成立した場合には、審判確定・調停成立の日の翌日から1か月以内であれば、本来の請求期限である2年を徒過しても、改定請求ができます。

【B】　離婚成立から2年以内に、按分割合に関する審判・調停の申立てをした場合であって、2年経過する日前1か月以内に審判確定・調停成立した場合には、その日から1か月以内であれば、2年を徒過しても、改定請求ができます。

(2)　相手が死亡した場合の救済措置

　離婚調停で年金分割の合意をしたり、離婚後、年金分割の審判をもらっていても、その後、相手が死亡した場合には、死亡日から起算して1か月を経過すると年金分割の請求（標準報酬の改定請求）を行うことができなくなります（厚生年金保険法施行令3条の12の7）。離婚裁判の際の附帯処分として按分割合に関する判決をもらった場合や公正証書を作成した場合も同様です。年金分割の請求をする際、請求者の戸籍謄本だけでなく、相手方の戸籍謄本（1か月以内に作成されたもの）が必要となるのはこのためです。

　按分割合の合意を含む和解離婚が成立した後、約3か月して夫が死亡していたが、妻はこれを知らなかったという事案について、裁判所は、夫の死後1か月を経過した後になされた改定請求は不適法と判断しています（**東京地判平26・7・11（平成25年（行ウ）第114号）裁判所ホームページ掲載**）。

〔図表4－3〕 年金分割：請求期限の救済措置

2年を過ぎたら改定請求はできない。
救済措置として、【A】【B】がある。

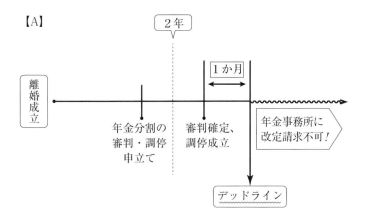

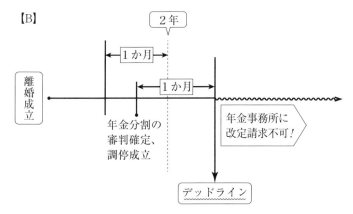

年金分割に関する合意が調ったり、審判をもらったら、なるべくすみやかに年金事務所に分割請求を行う必要があります。

3　改定請求に必要な書類（〈資料⑧〉）

① 年金手帳など基礎年金番号がわかる書類
② 離婚したことがわかる書類＝請求者の戸籍謄本

第 4 章　離婚時年金分割制度の法と実務

〈資料⑧〉 合意分割請求の手続～公正証書、調停調書、和解調書、審判書、判決書がある場合～

　離婚後に「標準報酬改定請求書」に以下の書類を添えて年金事務所または街角の年金相談センターに提出します。

	添付書類	請求者（甲）	配偶者（乙）	備考
1	年金手帳または基礎年金番号通知書	◎		
2	婚姻期間等を明らかにできる書類	◎	◎	戸籍謄本、それぞれの戸籍抄本、戸籍の全部事項証明書またはそれぞれの戸籍の個人事項証明書のいずれかの書類 ※甲乙の一方が「除籍」と記載された戸籍謄本が必要
3	請求日 1 か月以内に作成された、2 人（甲乙）の生存を証明できる書類	◎	◎	戸籍謄本、それぞれの戸籍抄本、戸籍の全部事項証明書、それぞれの戸籍の個人事項証明書または住民票のいずれかの書類 ※ 2 の書類で確認できる場合は必要ない
4	事実婚関係にある期間の合意分割請求する場合は、その事実を明らかにする書類			住民票等
5	年金分割を明らかにできる書類	◎		公正証書の謄本もしくは抄録謄本、調停調書・和解調書の謄本または抄本、審判書・判決書の謄本または抄本および確定証明書のいずれか 1 つ
6	委任状 （年金分割の合意書請求用）	○	○	甲乙それぞれ本人が記入し、実印を押印する 代理人住所は身分証明書記載のものを記入する
7	印鑑証明書	○	○	委任状を提出した場合に添付する
8	年金分割の請求をされる方（代理人を含む）の本人確認ができる書類	◎	◎	甲乙またはそれぞれの代理人を確認できる顔写真付きの身分証明書（運転免許証、パスポートなど）

　◎…場合を問わず必要な書類　　○…代理人を立てる場合に必要な書類

書類が揃ったら

　当事者の一方または双方が年金事務所または街角の年金相談センターの窓口に来所し手続します。当事者の一方だけが年金事務所に出向いて改定請求をすることができます。代理人による手続や郵送（年金事務所でのみ受付可）での手続も可能ですが、不備があった場合、やりとりが多くなり、時間がかかることがあります。

③ 改定をする請求者の生存を明らかにすることのできる書類＝相手の戸籍謄本（1か月以内に作成されたもの）
④ 按分割合を定めた書類＝合意書、公正証書、審判書抄本、調停調書抄本、判決の抄本、和解調書の抄本→家庭裁判所を利用した場合は、年金分割請求用に「抄本」を取り寄せます。

4　改定請求先

　年金事務所（街角の年金相談センター）、共済組合、教職員組合などですが、被用者年金一元化法施行により、公務員、私学教職員についても年金事務所が「ワンストップサービス」により改定請求を受け付けてくれるようになりました（被用者年金一元化法施行に伴う変更点についてはQ7）。

5　改定通知

　分割を請求すると、厚生労働大臣がその請求にもとづいて標準報酬の改定を行います。改定の結果は、改定後の保険料納付記録として当事者双方に通知されます（厚生年金保険法78条の8）。この通知により、年金分割が行われたことがわかります。

◎被用者年金一元化法による変更点

> Q7：被用者年金一元化法が2015（平成27）年10月1日に施行されましたが、これに伴う離婚時年金分割の変更点はどのようなものですか。

A　被用者年金一元化法により、公務員、私学教職員も厚生年金に加入することになりました。これに伴い、離婚時年金分割に関する事務については「ワンストップサービス」の対象となりました。また、地方公務員と民間企業の会社員であった場合があるなど、2つ以上の種別の厚生年金期間を有する者の標準報酬の改定請求については、他の種別の期間に係る改定請求と同時に行わなければならなくなりました。

1　被用者年金一元化法

　2015（平成27）年10月1日に施行された被用者年金一元化法により、公務員、私学教職員も厚生年金に加入することとなり、公的年金の2階建て部分の年金は厚生年金に統一されました。

　被用者年金一元化法施行後も、被保険者の記録の管理、標準報酬の改定、保険料の徴収業務、年金の決定・支給業務は、各実施機関が行うことになっています（平成27年9月30日年管管発0930第13号、厚生労働省年金局事業管理課長通知）。

　年金給付に関する届出等については、一部を除き、どの実施機関でも受付および必要となる審査を行うこと（＝「ワンストップサービス」という）とされました。

〔図表4−4〕 事務処理の概要／適用・徴収に関する事務

施行前の期間	施行後の厚生年金被保険者の種別	実施機関
厚生年金保険の被保険者	第1号厚生年金被保険者	厚生労働大臣（日本年金機構）
国家公務員共済組合の組合員	第2号厚生年金被保険者	国家公務員共済組合および国家公務員共済組合連合会
地方公務員等共済組合の組合員共済組合連合会	第3号厚生年金被保険者	地方公務員共済組合、全国市町村職員共済組合連合会および地方公務員共済組合連合会
私立学校教職員共済制度の加入者	第4号厚生年金被保険者	日本私立学校振興・共済事業団

2　離婚時年金分割に関する事務の変更点（前掲通知、第10）

(1)　情報提供請求書の受付は、ワンストップサービスの対象とする

　公務員や私学教職員を被保険者とする共済年金について、共済組合に限らず、年金事務所にも請求できることになりました。

(2)　情報通知書は、他の実施機関の期間の分も取りまとめて、一の通知書を送付する

　公務員だった期間と民間企業の会社員だった期間がある場合は、双方の期間を取りまとめて一の通知書が交付されます。

　夫が公務員であり、その後民間企業に転職した場合、従来は公務員であった期間の標準報酬については共済組合へ、民間企業であった期間の標準報酬については年金事務所に各々「情報提供請求書」を提出して、これを取り寄せる必要がありました。今後、「ワンストップサービス」により、年金事務所に請求しても、共済組合に請求しても、あらゆる種別の厚生年金の標準報酬総額について一の通知書で情報提供してくれることになりました。

　さらに、従来、夫が公務員、妻が民間企業に勤務していた場合、情報通知

書は夫については共済組合へ、妻については年金事務所に請求する必要があり、これを行うと共済組合からの情報通知書については妻の標準報酬総額はゼロ、年金事務所からの情報通知書については、夫の標準報酬総額はゼロという通知書が交付されました。

　そこで、妻が年金分割の申立てをして、夫の公務員としての標準報酬総額について按分割合を0.5と定める年金分割がなされると、そのままでは妻は夫の標準報酬総額の2分の1と、会社員としての自らの標準報酬総額を確保することになり、双方の標準報酬総額の合計額の2分の1を超えることになります。従来、家庭裁判所は、この場合は、夫に年金分割の申立てを促し、妻の会社員としての標準報酬総額も分割するという取扱いをしていました。しかし、制度上種別の異なる双方の年金について、同時に年金分割を行うというしくみにはなっていませんでした。

　年金分割を0.3とする裁判例として注目された**東京家審平25・10・1判時2218号69頁**は、被用者年金一元化法施行以前の裁判例であり、会社員である夫が加入していた厚生年金についての年金分割が先行し（0.5）、その後、夫が妻に対し、妻が加入する共済年金（私学共済）について年金分割の申立てをした事案です。裁判所が最終的な年金受給額を夫婦とも同額とするために按分割合を調整した事例と読むべきでしょう（Q9）。

　今後は、「ワンストップサービス」により、このような場合は、年金事務所に請求しても、共済組合に請求しても、夫と妻の双方についてすべての種別の厚生年金期間を合算して1通の通知書により情報提供を行うこととなりましたので、双方の種別の異なる年金について同時に年金分割を行うことができるようになりました。これにより従前の問題点は解消されることになります。

　〈資料⑨〉の情報通知書は、夫が公立学校に勤めており、妻は民間企業に勤めていたことがある場合の通知書です。夫の年金の実施機関である公立学校共済組合が発行していますが、妻の厚生年金保険加入期間の分（日本年金機構が実施機関となっている分）についても標準報酬総額が記載されており、

夫婦双方の異なる種別の厚生年金について、一の通知書において年金情報が通知されていることがわかります。

(3) 標準報酬改定請求書もワンストップサービスの対象とする

公務員や教職員の改定請求も年金事務所で受け付けされます。

(4) 二以上の種別の厚生年金期間を有する者の標準報酬の改定については、他の種別の期間に係る改定請求と同時に行わなければならない

公務員または私学教職員である期間がある人については、従来は、情報通知書の交付について、会社員であった期間については日本年金機構が交付し、公務員であった期間については各共済組合が交付していました。改定請求書もそれぞれ各々の実施機関に提出する必要がありました。

今後は、改正請求は「同時に」行わなければならない、とされました。

改定請求は、2015（平成27）年10月1日以降発行による情報通知書にもとづいて改定請求する場合、通知自体が一の通知書で行われるため、何の問題もありません。

しかし、訴訟や調停が長引いていて年金分割の情報通知書の発行日が2015（平成27）年10月1日以前のものである場合に問題が生じます。たとえば、夫が会社員であり、年金事務所から旧厚生年金の標準報酬に関する情報通知書の交付を受け、これを添付した離婚判決を得た場合、夫に公務員であった期間があれば、たとえそれが1か月～2か月にすぎないとしても、年金分割の改定請求は旧共済組合の期間についても同時に行わなければならないとされていることから、受け付けてもらえません。この場合は、あらためて情報通知書を取り寄せ、年金分割の合意を取り付けるか、審判をもらうことになります。長期化している離婚訴訟については、和解・判決にあたり、年金分割の情報通知書が2015（平成27）年10月1日以降のものであるか否かをチェックする必要があります。

第 4 章　離婚時年金分割制度の法と実務

〈資料⑨〉　年金分割のための情報通知書②（公立学校共済組合）

（様式 2 ）

年金分割のための情報通知書

（厚生年金保険制度）

平成28年 2 月 ○日

佐 藤 良 子 　様

公立学校共済組合理事長　　印

佐藤良子　様より年金分割のための情報提供の請求がありましたので、情報を提供いたします。

氏　　　名	（第 1 号改定者）　佐 藤 正 男	
	（第 2 号改定者）　佐 藤 良 子	
生 年 月 日	（第 1 号改定者）昭和25年　○月　○日	（第 2 号改定者）昭和26年　○月　○日
基 礎 年 金 番 号		（第 2 号改定者）○○○○-○○○○○○
情 報 提 供 請 求 日	平成27年12月　○日	
婚 姻 期 間 等	昭和51年 3 月　○日　～　平成27年12月　○日＊（＊　①　情報提供請求日　　2 ．離婚が成立した日　　3 ．婚姻が取り消された日　　4 ．事実婚関係が解消したと認められる日）	
対 象 期 間標 準 報 酬 総 額	（第 1 号改定者）258,000,000円	（第 2 号改定者）12,000,000円
按 分 割 合 の 範 囲	4.445％を超え、50％以下※按分割合とは、当事者双方の対象期間標準報酬総額の合計額のうち、分割後における分割を受ける側（第 2 号改定者）の持分を表すもので、この按分割合の範囲内で定めることになります。	

対 象 期 間	昭和51年 3 月○日　～　平成27年12月○日	年　月　　　―　　　年　月
	年　月　　　　　　　年　月	年　月　　　　　　　年　月
	年　月　　　　　　　年　月	年　月　　　　　　　年　月
	年　月　　　　　　　年　月	年　月　　　　　　　年　月
対象期間の末日以後に提供を受けた情報について補正に要した期間	年　月　　　　　　　年　月	年　月　　　　　　　年　月
厚生年金保険法施行規定第78条の 3 第 3 項第 2 号に規定する期間	年　月　　　　　　　年　月	厚生年金保険法施行規則第78条の 3 第 3 項に定める請求期間

◎按分割合に関する裁判例の動向

Q8：年金分割の按分割合に関する裁判例の動向はどうなっていますか。

A　年金分割審判事件では、按分割合を0.5とする審判が99％となっています。

1　家庭裁判所における取り決めの実情

　合意分割における請求すべき按分割合は、当事者間に合意がない場合は、家庭裁判所の離婚事件（離婚調停または離婚訴訟）に付随した申立てにより、あるいは離婚後に按分割合決定の審判・調停の申立てにより、決定することになっています。

　2016（平成28）年度の司法統計年報家事事件編第37表によれば、離婚後の按分割合に関する処分事件のうち、取り決めがあった件数の結果をみると、審判では按分割合を0.5とするものが99.0％、調停成立事件では、0.5とするものが92.9％でした。

　また、「離婚」調停が成立した事件の中で（調停に代わる審判事件を含む）、按分割合の取り決めがあったケースでは、按分割合を0.5とするものが98.7％でした（2016（平成28）年度司法統計年報家事事件編第29表）。

　厚生年金保険法78条の2第2項は、「家庭裁判所は、当該対象期間における保険料納付に対する当事者の寄与の程度その他一切の事情を考慮して、請求すべき按分割合を定めることができる」としていますが、家裁実務上、按分割合は特段の事情がない限り0.5と定められており、被用者年金制度が夫婦双方の老後の所得保障として社会保障的機能を有していることが重視されているといえます。この点で、婚姻中に形成された財産の清算を中核とする財産分与の制度とは異なる制度として運用されている点が注目されます。

2　裁判例

　このように、裁判例では、按分割合は特段の事情がない限り0.5と定められるのが相当であるとしていますが、その理由としては次のように説明されています。「被用者年金が、婚姻期間中の保険料納付により、主として夫婦双方の老後の所得保障を同等に形成していくという社会保障的性質及び機能を有している」(**名古屋高決平20・2・1家月61巻3号57頁**)、「厚生年金保険法78条の13に示された『被扶養配偶者を有する被保険者が負担した保険料について、当該被扶養配偶者が共同して負担したものであるという基本的認識』は、特別の事情のない限り、いわゆる合意分割についても妥当するものと考えられる」(**東京家審平20・10・22家月61巻3号67頁**)、「対象期間中の保険料納付に対する寄与の程度は、特別の事情がない限り、互いに同等とみて、年金分割についての請求すべき按分割合を0.5と定めるのが相当であるところ、その趣旨は、夫婦の一方が被扶養配偶者である場合についての厚生年金保険法78条の13（いわゆる3号分割）に現れているのであって、そうでない場合であっても、基本的には変わるものではないと解すべきである」(**大阪高決平21・9・4家月62巻10号54頁**)。

　「特段の事情」とは、夫婦の寄与を同等とみることが著しく不当であるような例外的な事情である場合に限られるとされており、公刊されている裁判例をみる限り、特段の事情が認められる例はほとんどありません。

　たとえば、年金分割対象期間約30年のうち約13年間が別居期間であり、この間、妻が夫の送金する生活費で生活していたという事情は、特段の事情にはあたらないとされ（**前掲東京家審平20・10・22**）、婚姻期間332か月のうち、155か月間の単身赴任、31か月間の別居期間があっても、単身赴任期間は、仕事の都合から一緒に生活できないという状態なのでそもそも別居とは異なり、特段の事情にはあたらない（**前掲名古屋高決平20・2・1**）、とされています。

　また、浪費または隠匿に係る事実があっても、そのような事実は離婚に伴

う財産分与等で解決すべき事項であるから、特別な事情にはあたらないとされています（広島高決平20・3・14家月61巻3号60頁）。

◎按分割合0.3の審判例と今後

Q9：按分割合を0.3とする審判例があると聞きましたが、どのような事案ですか。

A　夫は民間企業の会社員、妻は教員であり、離婚後、妻の申立てにより夫の厚生年金について按分割合を0.5と定める審判が確定し、その後、夫が妻の共済年金について按分割合を定める申立てをした事案です。裁判所が先行する厚生年金の分割の結果を踏まえ、夫婦双方の年金受給額をほぼ同額とするために按分割合を調整した事案といえるでしょう。

被用者年金一元化法施行後のワンストップサービスにより情報通知書が一元化されましたので、今後、このような判断が必要とされる場面はなくなりました。

1　事　例

元夫から元妻に対して申し立てられた年金分割について、按分割合を0.3とした審判例が登場し、注目を集めました（東京家審平25・10・1判時2218号69頁）。

元夫は一部上場企業に勤める会社員であり、元妻は婚姻当時は中学校の教員でしたが、夫の転勤に伴い退職し、専業主婦の期間を経て、非常勤教員となり、その後専任教員として勤務していた事案です。

夫が加入していた厚生年金保険制度および妻が加入していた私立学校教職員共済制度の各々の年金の情報通知書によれば、夫の標準報酬総額は2億4500万円、妻の標準報酬総額は約8700万円でした。夫婦は、2012（平成24）年に成立した離婚調停により離婚していますが、調停では年金分割の合意は

成立しませんでした。妻は、夫に対し、厚生年金の分割を求める旨の申立てをし、2013（平成25）年9月、按分割合を0.5と定める審判がなされています（確定）。

　本件は、夫が、妻に対し、妻の共済年金について、按分割合を0.5とする年金分割を求めた事案です。

　裁判所は、「対象期間中の保険料納付に対する寄与の程度は、特別の事情がない限り、互いに同等とみて、年金分割についての請求すべき按分割合を0.5と定めるのが相当である」とし、特別の事情については「保険料納付に対する夫婦の寄与を同等とみることが著しく不当であるような例外的な事情がある場合に限られる」と判断の枠組みを示したうえで、例外的な事情があるか否かについてみるとしています。

　①夫の負債により、妻が家計のやりくりに苦労したこと、②妻が専任教員として勤務するようになって以降は、妻の収入を主として家計が維持されていたこと、一方で、③夫は約33年間、相当額の収入を得ており、負債も退職金で返済したこと、④妻は、婚姻期間約50年間のうち、約30年近くはおおむね専業主婦として生活し、その間の家計は、夫の収入で維持されてきたこと、⑤退職金額については、双方とも明らかにしていないこと、⑥離婚調停では、妻の判断で、自宅建物の持分を妻が取得し、妻が住宅ローン残額を返済する合意をしており、双方のその余の財産については分与の対象としていないこと等の事情を考慮したうえで、「相手方の給与から支払われていた私学共済年金の保険料納付に対する夫婦の寄与を同等の50％とみることは相当でないとは認められるが、婚姻生活における夫の妻に対する寄与をゼロとして夫について年金分割を認めないこととするまでの特段の事情があるとはいえず、その寄与割合については、夫婦の婚姻期間50年と、そのうち、主として夫の収入で家計が維持されていた30年との比例的な関係を対応させて、夫の年金分割の按分割合を30％と認めるのが相当であるというべきである」と判断しました。

2　本決定の評価

　本決定について、妻の私学共済年金保険の保険料納付に対する夫婦の寄与を同等とみることが著しく不当であるような例外的事情があるのか、0.3と決定する根拠は合理的なのかなどの批判があります。しかし、本決定は、年金分割後の夫婦双方の年金受給額をほぼ同額とするために妻の共済年金の按分割合を調整した結果0.3としたものと理解することができます。

〈本決定にみる按分割合による受給金額の比較〉
・年金分割前の双方の年金受給額（月額）
　　夫　21万円　　　　　　妻　11万3669円
　　　　　　　　↓
・夫の厚生年金分割（0.5）の後の双方の年金受給額
　　夫　14万4325円　　　　妻　17万9342円
　　　　　　　　↓
・妻の共済年金分割後の双方の年金受給額
　　〈0.5とした場合〉
　　夫　17万0466円　　　　妻　15万3201円
　　〈0.3とした場合〉
　　夫　16万0010円　　　　妻　16万3657円

　被用者年金一元化法施行前は、異なる種別の年金について同時に年金分割を行うことが制度上保障されていなかったため、本事案のように、夫婦いずれか一方の年金について年金分割が先行することがありました。しかし、同法施行により異なる種別の年金について情報通知書が一本化され、厚生年金も旧共済年金も夫婦双方についてすべての種別の厚生年金期間を取りまとめて一の通知書により情報提供が行われるようになり、異なる種別の年金について同時に一括して年金分割を行うことが制度上保障されています（Q7）。

　本事案では、夫の標準報酬総額は2億4500万円、妻の標準報酬総額は8700万円でしたので、今後は1通の通知書に各々の金額が記載され、妻からの申

立てにより双方の合算額の2分の1を限度として按分割合が定められることになるのです。したがって、本決定のような判断が今後必要となることはないのです。

第4章　離婚時年金分割制度の法と実務

◎年金分割をしない旨の合意の有効性

Q10：年金分割をしない旨の合意をすることができるでしょうか。

A　公序良俗に反するなどの特別の事情がない限り、有効です。

1　合意分割

　年金分割のうち、「合意分割」は当事者間の合意によってなされるものであり、当事者は合意することも、しないこともできます。裁判例は、協議離婚する際に「協議離婚書」を作成し、離婚に伴う財産分与について定め、「平成19年Ⅹ月より支給される共済年金は、全額夫が受け取るものとする。年金分割制度による妻の取り分は、これを全て放棄する」という条項が記載されている事案について、「離婚当事者は、協議により按分割合について合意することができるのであるから、協議によって分割をしないと合意することができる」、合意が「公序良俗に反するなどの特別の事情がない限り、有効であると解される」としています（**静岡家裁浜松支決平20・6・16家月61巻3号64頁**）。

　年金をすでに受給していたり、年金受給年齢が迫っている年齢に達している人が離婚を成立させる場合には、年金分割について明確な取り決めをしておくことが、年金分割をする方にとっても、される方にとっても、後日の紛争の予防という点からみて重要です。

　年金分割による年金額の増減額は平均すると月額約3万円ですが（Q11）、婚姻期間が30年〜40年に及び、年金分割をしてもらう方（多くは妻）の被扶養配偶者期間が長い事例（主婦やパートなど）では、年金分割による増減額が月額約7万円に及ぶ場合もあります（Q3、Q12）。60代以降の離婚当事者にとって、離婚時年金分割は、まさに離婚後の生活のクオリティを左

右する死活問題ともいえましょう。

年金分割はしない旨の合意がある場合には、離婚調停が成立する際に「年金分割の審判・調停の申立てをしない」旨の条項を入れておく必要があります。

調停条項において、「当事者間に債権債務のないことを確認する」という清算条項があったとしても、後日、年金分割の申立てをすることができることになっていますので、注意してください。

なお、協議離婚をする際も、「年金分割請求権は放棄する」「年金分割は行わない」などの合意は、文書にしておく必要があります。

2　3号分割

「年金分割」は行わないという合意をしても、「3号分割」については年金分割請求権の行使を直接制約することはできないと解されています（3号分割については、Q14）。

そこで、2008（平成20）年4月1日以降、相手方（たとえば妻）が被扶養配偶者（＝第3号被保険者）となっている場合には、第3号被保険者期間の分については、年金分割の合意を行わない旨の合意をしても、「3号分割」の対象となり、相手が、離婚後、年金事務所に請求すれば、法定された按分割合（0.5）により分割が行われます。

第 4 章　離婚時年金分割制度の法と実務

◎年金分割制度の利用状況と按分割合・変動額

> Q11：年金分割の利用状況や按分割合の実際はどのようになっていますか。

A　厚生労働省の統計によれば、厚生年金保険における離婚に伴う年金分割の件数は、2015（平成27）年度で約2万7200件であり、同年の離婚件数2万7200件の約11.8％がこの制度を利用しています。按分割合を0.5とするものが、96.3％と大半を占めています。

　2007（平成19）年4月に始まった離婚時年金分割制度は、年々利用者が増えています。2008（平成20）年には離婚件数の5.1％（1万3105件）が制度を利用していましたが、利用者が増加しており、2015（平成27）年には離婚件数の11.8％（2万7149件）が利用しています（2015（平成27）年2万7149件のうち、合意分割が2万3448件、3号分割のみは3701件）。

　2015（平成27）年10月1日施行された被用者年金一元化法に伴う「ワンストップサービス」により、利用しやすい制度になりましたので、今後もこの傾向が続くものと思われます。

1　合意分割

　合意分割をした者（第1号改定者）の年齢構成をみてみると、40歳～49歳までが全体の34.6％、50歳～59歳までが約27.2％、60歳～69歳までが16.1％となっており、合計で全体の77.9％を占めています。

　按分割合は0.5とするものが、96.3％となっています。

　分割改定前後の平均年金月額（基礎年金が裁定されている割合は基礎年金月額を含む額）は、2015（平成27）年度でみると、第1号改定者において13万6995円→11万1329円、第2号改定者において5万4819円→8万1647円となっ

ており、第1号改定者において約2万5000円の減額、第2号改定者において約2万6000円の増額でした。

2　3号分割

3号分割のみをした者（特定被保険者）の年齢構成をみると、30歳～39歳までが42％を占めていました。分割対象期間は、5年～6年が19.8％、6年～7年が18.1％で、全体の約4割を占めていました。

分割改定前後の平均年金月額は、男子（厚生労働省統計の表記による）が11万3919円→11万1546円、女子が3万0721円→3万3727円となっており、変動差は男子2374円の減額、女子は3006円の増額でした（以上、厚生労働省「厚生年金保険・国民年金事業年報平成27年度」（平成29年8月9日公表）出典）。

◎年金分割に関する弁護過誤による賠償額

Q12：年金分割について、弁護過誤により、弁護士賠償請求保険を利用する例が多発しているとのことですが、どのような事例ですか。賠償額は、いくらくらいになりますか。

A　改定請求の法定期限を徒過する例が多数報告されています。賠償請求額は、年額80万円を約25年にわたって受給できたはずであるとして、約2000万円の請求がなされた事例があります。

1　弁護過誤──法定期限徒過

　弁護士賠償責任保険において、年金分割請求の法定期限徒過の事例が非常に多数報告されていますので、注意が必要です（全国弁護士協同組合連合会編『弁護士賠償責任保険の解説と事例〔第5集〕』25頁）。

　前掲事例集には以下の事案が紹介されています。

〈事案の概要〉
　協議離婚した元妻Xの代理人弁護士Yは、按分割合を定める審判を申し立て、審判係属中に離婚から2年が経過し、その後年金分割を0.4と定める審判がなされた。
　相手方より審判に対し即時抗告が申し立てられたが棄却され（平成25年6月4日棄却決定の告知）、その3日後、相手方から許可抗告の申立てがなされたが、不許可決定がなされた（平成25年7月2日）。
　そこで、弁護士Yは、Xに審判書一式を送付し、Xは7月下旬頃年金分割請求を行ったところ、法定期限を徒過しているとされたため、XがYに約2000万円（年額80万円を25年間にわたって受給できた）の請求をした。

年金分割の請求期限は、原則として離婚から2年ですが、按分割合を定める審判・調停が係属している場合には、離婚後2年経過後に審判確定／調停成立しても、1か月以内であれば改定請求ができます。同様に、2年経過前1か月以内に審判確定／調停成立した場合も、その日から1か月以内であれば改定請求ができます（Q6）。1か月の法定期限を徒過すると、年金分割により受給できるはずであった年金見込額を受給できないことになります（「年金見込額」については、Q3）。

弁護士自身が1か月の請求期限を認識していなかったため、弁護士としての対応が遅れたり（審判書や調停調書の依頼者への送付、交付の遅滞など）、請求期限について、依頼者に説明しなかったとして説明義務違反に問われる事例もあります。審判書や調停調書を渡すだけでは不十分であり、請求期限を明確に説明する必要があります。

前記事案について説明すると、年金分割の審判は、相手方による即時抗告の提起によって審判の確定が遮断されますが（家事事件手続法74条5項）、高等裁判所が即時抗告の棄却決定を告知した日に確定します（同法93条1項による74条3項の準用）。

審判の確定とは、審判について通常の不服申立ての手段が尽きた状態をいい、許可抗告の申立てがあっても審判の確定は遮断されません（家事事件手続法74条4項・5項）。

本件で、年金分割審判確定日の翌日である2013（平成25）年6月5日が請求期限の起算日となり、7月下旬では法定期限の1か月を徒過しています。

2　損害額

弁護士賠償責任保険の運用では、年金開始年齢を65歳として、受取金額にライプニッツ係数を乗じた現在価値に引き直して損害額を算出しています。これを一時金で保険填補するのが原則的な運用です。前記事例では、2000万円の請求でしたが、現在価値に引き直し、1000万円の限度で認容されています。

ところで、年金分割が行われないことにより、元夫は本来受給できる額よ

り、多額の年金を受給できることになります。そこで、弁護士賠償責任保険の実務上は、任意で何らかの支払いをするよう元夫と交渉する（少なくともその努力をする）よう弁護士に要請しているとのことです。しかし、按分割合0.4の審判を不服であるとして最高裁判所まで争った相手（元夫）に任意の支払いを求める交渉は、困難を極めることでしょう。

　年金分割事件については、くれぐれも期限の徒過に注意する必要があります。

◎遺族年金

Q13：長期間別居していた夫が、がんを患っており、「ステージⅣで余命数か月の宣告を受けた。離婚してほしいが、年金分割はいやだ！」と言っている相談を受け付けました。年金以外にめぼしい財産はありません。どうしたらよいでしょうか。

A　遺族厚生年金を受給できないおそれがある場合には、すみやかに離婚と年金分割の合意をすることが肝要です。

1　年金分割と相手の死亡

相手が死亡すると、厚生年金の受給権は消滅します（厚生年金保険法45条）。したがって、離婚前であろうと離婚後であろうと、年金分割の前に相手が死亡してしまえば年金分割を行うことはできません（年金分割後、年金事務所に改定請求する前に相手が死亡した場合の救済措置については、Q6参照）。

2　遺族年金

厚生年金では、被保険者が死亡した場合には、被保険者（死亡した者）により生計を維持されていた「遺族」に「遺族厚生年金」が支給されることになっています（厚生年金保険法59条1項）。

(1)　「遺族」とは

遺族厚生年金を受け取ることができる「遺族」とは、死亡した被保険者の①配偶者（事実婚含む）もしくは子（18歳に達する日以後の最初の3月31日までの間にある子）→②父母→③孫→④祖父母であり、この順位で支給されます（厚生年金保険法59条1項）。先順位の者が受給権を取得した場合は後順位者

は「遺族」としない、と定められています。ここで、配偶者と子は同順位とされていますが、配偶者が受給権を有する期間は、子の遺族厚生年金は支給が停止されることになっています（同法66条1項）。

また、「配偶者」については事実婚を含むとされており、重婚的内縁の妻について、**最一小判昭58・4・14民集37巻3号270頁**は、遺族年金が「社会保障的性格を有する公的給付であることなどを勘案すると、右遺族の範囲は組合員等の生活実態に即し、現実的な観点から理解すべきであって、遺族に属する配偶者についても、組合員等との関係において、互いに協力して社会通念上夫婦としての共同生活を現実に営んでいた者をいうものと解するのが相当であり、戸籍上届出のある配偶者であつても、その婚姻関係が実体を失つて形骸化し、かつ、その状態が固定化して近い将来解消される見込のないとき、すなわち、事実上の離婚状態にある場合には、もはや右遺族給付を受けるべき配偶者に該当しないものというべきである」としています。

行政通達も、届出による婚姻関係がその実体をまったく失ったものとなっている場合は、重婚的内縁関係にある者を「配偶者」と認定するとしています（「生計維持関係等の認定基準及び認定の取扱いについて」（平成23年3月23日年発0323第1号：最終改正平成27年9月30日））。

あなたの場合、夫に内縁の妻がいる場合には、内縁の妻に支給されるおそれがあります。

(2) 生計維持要件

遺族厚生年金を受給するためには、被保険者が死亡した当時、死亡した者により生計を維持されていたこと（「生計維持要件」）を満たすことが必要です（厚生年金保険法59条1項）。行政実務では、「生計維持要件」は①生計同一要件と、②収入要件を満たす場合に認められます。

①生計同一要件は、ⓐ住民票上同一世帯に属しているとき、ⓑ住民票上世帯を異にしているが、住所が住民票上同一であるとき、ⓒ住所が住民票上異なっている場合は、次のいずれかに該当するとき。㋐現に起居を共にし、か

つ、消費生活上の家計を一つにしていると認められるとき、⑦単身赴任、就学または病気療養等のやむを得ない事情により住所が住民票上異なっているが、生活費、療養費等の経済的援助が行われ、定期的に音信・訪問が行われているとき、に要件を満たすとされています。

また、②収入要件は、前年の収入が850万円未満であること、とされています（前掲通知）。

本設問の場合、長期間別居とのことで、「生計維持要件」「生計同一要件」を満たさないと認定され、遺族年金を受給できないおそれがあります。

年金事務所等に問い合わせて、遺族厚生年金の受給資格があるのかどうかを精査し、遺族厚生年金を受給できないおそれがある場合には、すみやかに離婚を成立させて、年金分割の合意を取り付ける必要があります。

遺族厚生年金も離婚時年金分割も受けられなくなると、老後の生活保障を失うことになります。年金分割の割合について譲歩しても、すみやかに離婚と年金分割の合意をすることが肝要です。

◎「3号分割」制度の概要

Q14：3号分割制度とは、どのような制度ですか。合意分割とどこがどのように違うのでしょうか。

A　合意分割は当事者間の合意もしくは家庭裁判所の決定が必要ですが、3号分割は、離婚後、被扶養配偶者であった方が一方的に年金事務所に請求すれば分割が行われます。

1　3号分割

　3号分割は、厚生年金の被保険者（多くは夫）が負担した保険料については、被扶養配偶者（国民年金の第3号被保険者となっている者——多くは妻）が共同して負担したものであるということを基本的認識として、夫婦が離婚した場合、妻が年金事務所に請求すれば夫の厚生年金の2分の1を自動的に分割できるという制度です（厚生年金保険法78条の13・78条の14）。

2　対象となる者

　3号分割の当事者は、「特定被保険者」「被扶養配偶者」と呼ばれます。特定被保険者とは合意分割の第1号改定者と同じであり、厚生年金保険の被保険者であり、年金分割をされる人をいいます（旧共済年金の被保険者も含む）。他方、「被扶養配偶者」は特定被保険者の配偶者として国民年金法（7条1項3号）の「第3号被保険者」であった者に限られます（いわゆる「専業主婦」、非正規社員で年金保険の未加入者など）。

　したがって、合意分割では、第1号改定者の配偶者であれば第1号被保険者（自営業者）や第2号被保険者（厚生年金の被保険者→民間企業の正規社員や公務員など）でも対象となりますが、「3号分割」の対象となる配偶者は、

「第3号被保険者」に限られており、第1号被保険者、第2号被保険者は除かれています（Q1、Q2参照）。

事実婚（内縁）の場合も3号分割を行うことができます。

3　分割の対象

分割の対象となる年金は、合意分割と同じで、年金の2階部分の厚生年金（旧共済年金を含む）が分割されます。

4　対象となる期間

分割対象となる期間は、2008（平成20）年4月1日以降の婚姻期間であり、それ以前の期間は対象となりません。また、第3号被保険者となっていた期間に限られます。

5　按分割合の範囲・取り決めの要否

按分割合は2分の1と法定されています（厚生年金保険法78条の14第3項）。合意分割では上限を2分の1として当事者が合意または裁判所が按分割合を決定することになっていますが、3号分割は2分の1の強制分割・自動分割とされています。夫と妻が按分割合を取り決める必要はありません。

なお、2008（平成20）年4月1日より前の期間については3号分割の対象とはなりませんので、按分割合の取り決め（合意分割）が必要です。

2008（平成20）年4月1日より前の対象期間を含めた合意分割の請求を行った場合には、合意分割請求と同時に3号分割の請求をしたものとみなされ、2008（平成20）年4月1日以降の期間については先に3号分割が行われます。

6　請求期間

3号分割も、合意分割と同様に離婚後2年の期間制限があります（厚生年金保険法施行規則78条の17第1項2号）。強制分割といっても、離婚後2年以

内に年金事務所に分割請求を行わないと権利を失います。また、相手方死亡後は、死亡の日から1か月を経過すると、分割請求できなくなります(厚生年金保険法施行令3条の12の14)。この点は合意分割と同じです。

◎標準報酬額の読み方

> Q15：妻は、結婚以来、一度も働いたことがなく、夫の扶養家族になっていました。離婚にあたり、「年金分割のための情報通知書」をとってみたところ、対象期間の標準報酬総額が、夫が1億9500万円で、妻は500万円になっていました。間違いがあるのではないでしょうか。

A　2008（平成20）年4月1日以降、情報通知書の請求日までの間の夫の標準報酬額については、その2分の1が自動的に妻の標準報酬額に加算されます。

合意分割の請求をすると、同時に3号分割の請求をしたとみなされ、2008（平成20）年4月1日以降の特定期間（第3号被保険者であった期間）について3号分割が行われます。そのため、2008（平成20）年4月1日以降、請求日までの特定期間に夫が得た標準報酬額については、その2分の1が妻の標準報酬額として情報通知書に記載されることになっています（〔図表4－5〕）。

〔図表4－5〕　標準報酬分割の図

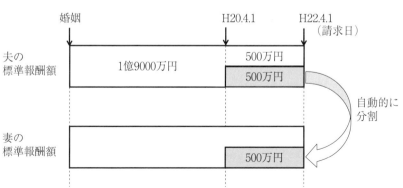

◎3号分割のみの場合の請求方法

> Q16：3号分割のみをするには、どうすればよいのでしょうか。

A　離婚後、年金事務所において標準報酬の改定請求を行えばよいでしょう。

　3号分割のみをする場合には、夫婦間の合意は必要がありません。第3号被保険者であった方が、①年金手帳または基礎年金番号通知書、②請求者の戸籍謄本、③請求日前1か月以内に作成された相手方の生存を証明できる書類（戸籍謄本など）を添付して、年金事務所で手続を行ってください。

　なお、合意分割と同様、離婚後2年の期間制限があります（厚生年金保険法施行規則78条の17第1項2号）。また、相手方死亡後は死亡日から1か月を経過すると分割請求できなくなりますので、留意してください（Q14参照）。

〈資料⑩〉 ３号分割請求の手続

　離婚後に「標準報酬改定請求書」に以下の書類を添えて年金事務所または街角の年金相談センターに提出します。

	添付書類	請求者(甲)	配偶者(乙)	備考
1	年金手帳または基礎年金番号通知書	◎		
2	婚姻期間等を明らかにできる書類	◎	◎	戸籍謄本、それぞれの戸籍抄本、戸籍の全部事項証明書またはそれぞれの戸籍の個人事項証明書のいずれかの書類 ※甲乙の一方が「除籍」と記載された戸籍謄本が必要
3	請求日１か月以内に作成された、２人(甲乙)の生存を証明できる書類	◎	◎	戸籍謄本、それぞれの戸籍抄本、戸籍の全部事項証明書、それぞれの戸籍の個人事項証明書または住民票のいずれかの書類 ※２の書類で確認できる場合は必要ない
4	離婚をしていないが、事実上離婚状態にあることを理由に３号分割を請求する場合は、その状態を明らかにできる書類(事実婚関係における離婚状態の場合)			証明する書類は事案によります詳細は年金事務所に問い合わせる必要あり
5	事実婚関係にある期間の３号分割請求する場合は、その事実を明らかにする書類			住民票等

　◎…必要な書類
書類が揃ったら
　３号分割のみ請求する場合は、双方の合意は必要がなく、第３号被保険者からの手続によって改定請求をすることができます。

◎2008（平成20）年4月1日以降に婚姻した場合

> Q17：2008（平成20）年4月1日以降に婚姻し、婚姻後は夫の扶養家族（第3号被保険者）になっていました。年金事務所から「情報通知書」を取り寄せたところ、対象期間の標準報酬金額が夫とほぼ同額になっていました。年金分割の請求をする必要があるのでしょうか。

[A]　年金分割について、当事者の合意や家庭裁判所の決定は必要ありませんが、離婚後2年以内に年金事務所に改定請求をしないと、権利を失います。

情報通知書を請求すると、2008（平成20）年4月1日以降、請求日までの特定期間（第3号被保険者であった期間）については、3号分割が行われたものとして、夫が得た標準報酬額について、その2分の1が妻の標準報酬額として情報通知書に記載されることになっています（Q15参照）。

2011（平成23）年に婚姻した当事者の例（〈資料⑪〉）では、妻は婚姻中、自らが厚生年金保険の被保険者となったことはありませんでしたが、夫の「第3号被保険者」になっていたことから、婚姻中に夫が得た標準報酬総額の2分の1が妻の標準報酬総額として記載されています。

「情報通知書」に記載があっても、「3号分割」を行うためには、離婚後2年以内に年金事務所等に標準報酬額の改定請求をしないと権利を失いますので注意してください。

Q17 2008(平成20)年4月1日以降に婚姻した場合

〈資料⑪〉 年金分割のための情報通知書③

年金分割のための情報通知書
(厚生年金保険制度)

○○○-○○○○ ○○市○○
○丁目○-○

平成29年 ○月 ○日

小川さくら 様

日本年金機構理事長　印

小川さくら 様より、年金分割のための情報提供の請求がありましたので、情報を提供いたします。

氏　　　　名	(第1号改定者) 小川　太郎 (第2号改定者) 小川　さくら	
生　年　月　日	(第1号改定者) 昭和60年 ○月 ○日	(第2号改定者) 昭和61年 ○月 ○日
基礎年金番号	(第1号改定者) ＊＊＊＊＊＊＊＊＊＊	(第2号改定者) ○○○○-○○○○○○
情報提供請求日	平成29年 ○月 ○日	
婚姻期間等	平成23年 ○月 ○日 ～ 平成29年 ○月 ○日＊ (＊ ① 情報提供請求日　2. 離婚が成立した日　3. 婚姻が取り消された日　4. 事実婚関係が解消したと認められる日)	
対象期間 標準報酬総額	(第1号改定者) 20,000,000円	(第2号改定者) 19,000,000円
按分割合の範囲	48.717%を超え、50%以下　※按分割合とは、当事者双方の対象期間標準報酬総額の合計額のうち、分割後における分割を受ける側(第2号改定者)の持分を表すもので、この按分割合の範囲内で定めることになります。	

対象期間	昭和 平成 23年○月○日 ～ 昭和 平成 29年○月○日	昭和 平成　年　月　日 ～ 昭和 平成　年　月　日
	昭和 平成　年　月　日 ～ 昭和 平成　年　月　日	昭和 平成　年　月　日 ～ 昭和 平成　年　月　日
	昭和 平成　年　月　日 ～ 昭和 平成　年　月　日	昭和 平成　年　月　日 ～ 昭和 平成　年　月　日
	昭和 平成　年　月　日 ～ 昭和 平成　年　月　日	昭和 平成　年　月　日 ～ 昭和 平成　年　月　日

対象期間の末日以後に提供を受けた情報について補正に要した期間	平成　年　月　日 ～ 平成　年　月　日	平成　年　月　日 ～ 平成　年　月　日
厚生年金保険法施行規則第78条の3第3項第2号に規定する期間	平成　年　月　日 ～ 平成　年　月　日	厚生年金保険法施行規則第78条の3第3項に定める請求期間

◎「合意分割」をする必要がない場合

Q18：「3号分割」のみで足り、「合意分割」をする必要がない場合とはどのような場合でしょうか。

A　2008（平成20）年4月1日以降の婚姻で、婚姻期間中、相手の被扶養配偶者、すなわち第3号被保険者であった期間しかない人は、合意分割をする必要はありません。ただし、相手が障害厚生年金を受給している場合には、「3号分割」を利用することはできない場合があります。

　「3号分割」が受けられる人とは、婚姻中に、相手の被扶養配偶者、すなわち第3号被保険者であった人です。被扶養配偶者＝第3号被保険者であるとは、具体的には専業主婦や年収130万円以下の配偶者であり、相手の勤務先の社会保険（健康保険、年金保険）に入っていた者です。

　分割の対象となる期間は、2008（平成20）年4月1日以降の婚姻期間であり、かつ被扶養配偶者＝第3号被保険者となっていた期間に限られます。2008（平成20）年3月31日までの婚姻期間は分割対象になりませんので、それ以前に婚姻していた人は合意分割を行う必要があります。

　また、2008（平成20）年4月1日以降の婚姻期間であっても、共働きをしていて被扶養配偶者＝第3号被保険者となっていなかった期間は対象に入りません。そこで、この期間の分は「合意分割」を行う必要があります。

　なお、相手が障害厚生年金の受給者である場合には、障害認定日が2008（平成20）年3月31日以前である場合には3号分割の対象となりますが、4月1日以降が障害認定日となっている場合には、合意分割はできますが、3号分割はできません（厚生年金保険法78条の14第1項但書）。

◎合意分割ができる場合に3号分割だけ行うことができるのか

Q19：2007（平成19）年4月に婚姻しました。婚姻期間中は第3号被保険者でした。相手から年金分割の合意をとりつけるのがわずらわしいので、2008（平成20）年4月1日以降の保険料納付記録の分割だけで構わないのですが、「3号分割」だけを行うことはできるのでしょうか。

A　「3号分割」だけを行うことができます。離婚後2年以内であれば、「3号分割」を行った後に「合意分割」を行うことも可能です。

　「3号分割」を行うことができる期間は、2008（平成20）年4月1日以降の被扶養配偶者期間＝第3号被保険者期間です。それ以前の期間については「合意分割」を行う必要がありますが、これを行わず、2008（平成20）年4月1日以降の分についてだけ「3号分割」を行うことができます。

　調停成立時までに年金分割の情報通知書が間に合わない場合には、離婚成立後、相手の合意を取り付けるか、あるいは年金分割の「審判」を申し立てるなどして年金分割を行うことになりますが、煩雑であり、2008（平成20）年3月31日以前の分まで分割しなくてよいという場合には、年金事務所で「3号分割」の手続を行うことができます（Q16）。

事項索引

【あ】

按分割合　162・188
按分割合に関する裁判例　185
医師年金　111
遺族　199
遺族年金　42・199
うつ病　40

【か】

改定請求　175・206
改定通知　158
学資保険　75
確定給付企業年金　95・97
確定給付タイプ　82
確定拠出タイプ　82
確定拠出年金　95・101
過去の婚姻費用　135
家事保全　151
片働き離婚モデル　123
感情（管理）労働　12・38
企業年金　94
基準時　70・125
協議離婚　27・43
協議離婚無効　44
強制分割　203
居住権　128

居住用不動産　112
寄与度　64・73・116・118・121
合意の取消・変更　164
合意分割　156・161・192
公正証書　169
厚生年金基金　94
子名義の預金　75
婚姻関係財産一覧表　66・67
婚姻費用　137

【さ】

財産分与請求手続　58
財産分与の現状　55
財産持ち出し　138
裁判（判決）離婚　30
債務　114
詐害行為　152
3号分割　156・193・202・206・210
時効　41
事実婚　161・194・203
住宅ローン　112・121・125
障害厚生年金　210
譲渡所得税　154
人事保全　149

審判事項　58・174
審判離婚　29
心理的負荷　40
ストーカー行為　24
請求期間　203
請求期限の救済措置　177
生計維持要件　200
清算　49
清算的財産分与　64
創設的届出　27
即時抗告　174
損害賠償　49

【た】
第1号改定者　158
第1号被保険者　159・202
第3号被保険者　157・159・161・202・210
対象財産　69
退職金　79
退職金制度　82
退職金積立制度　90
退職金前払い制度　110
退職年金　79
第2号改定者　158
第2号被保険者　159・202
中小企業退職金共済制度（中退共制度）　91

調査嘱託　142
調停に代わる審判　6
調停離婚　28
DV　24
電話会議・テレビ会議システム　7・45
当事者主義的運用　33
特定被保険者　158
特有財産　73・119
共働き離婚モデル　123

【な】
内縁　161・164
2分の1ルール　51・52・64
認諾離婚　31
年金制度の体系　159
年金分割請求　165
年金分割のための情報通知書　165・205・209
年金分割をしない旨の合意　192
年金見込額　34
年金見込額のお知らせ　165

【は】
被扶養配偶者　158・202
被用者年金一元化法　180
夫婦別産制　48
負債　66・113

不受理申出制度　17
附帯処分　59・174
扶養　49
扶養的財産分与　132
弁護過誤　196
弁護士業務妨害　12
弁護士照会制度　140
弁護士賠償責任保険　155
ポイント方式　85・107
法人の財産　77
法定期限徒過　196
保険料納付記録　157
保全処分　149

【ま】

民法改正要綱　52
免債的債務引受　130
メンタル不全　40

【や】

有責配偶者　15・38
養育費　11
予備的財産分与　60
予備的反訴　61

【ら】

離婚時年金分割　34
離婚時年金分割制度　156

離婚調停手続の変貌　6
離婚の手続　27

【わ】

和解離婚　31
ワンストップサービス　180

著者略歴

小島　妙子（こじま　たえこ）

1977年　東北大学法学部卒業

弁護士（仙台弁護士会所属）

ジェンダー法学会理事

日本弁護士連合会両性の平等に関する委員会特別委嘱委員

日本弁護士連合会家事法制委員会委員

日本学術会議連携会員

【主要著書】

『夫婦法の世界』（共編、信山社、1995）

『親子のトラブルQ&A』（共著、有斐閣、1995）

『ライフズ・ドミニオン―中絶と尊厳死そして個人の自由』（R. ドゥオーキン著、共訳、信山社、1998）

『ドメスティック・バイオレンスの法』（信山社、2002）

『ジェンダーと法Ⅰ―DV・セクハラ・ストーカー』（共著、信山社、2004）

『職場のセクハラ』（信山社、2008）

『Q&A　離婚実務と家事事件手続法』（民事法研究会、2013）

『DV・ストーカー対策の法と実務』（民事法研究会、2014）

『現代家族の法と実務　多様化する家族像―婚姻・事実婚・別居・離婚・介護・親子鑑定・LGBTI』（共著、日本加除出版、2015）

『事例にみる特別受益・寄与分・遺留分主張のポイント』（共編著、新日本法規出版、2016）

『Q&A　親子の法と実務』（日本加除出版、2016）

Q&A 財産分与と離婚時年金分割の法律実務
──離婚相談の初動対応から裁判手続まで

2018年5月12日　第1刷発行
2019年5月12日　第2刷発行

定価　本体2800円（税別）

著　者　小島妙子
発　行　株式会社　民事法研究会
印　刷　藤原印刷株式会社

発行所　株式会社　民事法研究会
〒150-0013　東京都渋谷区恵比寿3-7-16
〔営業〕TEL 03(5798)7257　FAX 03(5798)7258
〔編集〕TEL 03(5798)7277　FAX 03(5798)7278
http://www.minjiho.com/　　info@minjiho.com

落丁・乱丁はおとりかえします。　ISBN978-4-86556-214-9　C2032　￥2800E
カバーデザイン：鈴木　弘

■増え続ける離婚紛争への対応に最適の1冊！■

Q&A 離婚実務と家事事件手続法

弁護士 小島妙子 著

A5判・305頁・定価 本体3,000円＋税

本書の特色と狙い

▶2013年1月1日施行の家事事件手続法による手続上の変更点を当事者・代理人の立場から家庭裁判所実務に即して解説！

▶第1章では離婚事件の当事者および手続代理人として必要な事項を中心に、第2章では家事事件手続法が実際の離婚紛争のどの場面でどのように適用されていくのか、実務における家事事件手続法の可能性を詳述！

▶調停の進行や立会(同席)調停、電話・テレビ会議システム導入、審判前保全処分や審理の終結日・審判日指定、子どもの手続参加など、気になる改正点と実務への影響がわかる！

▶財産分与、慰謝料、DV・ストーカー、親権・子の連れ去り問題(ハーグ条約)等、切実な問題への対処策を具体的に示唆！

本書の主要内容

第1章　家事事件手続法の解説〔33問〕
第2章　離婚紛争にどう活かすのか？─実践編─〔23問〕
・実務上便利なホームページ一覧
・参考文献
・事項索引

発行　民事法研究会

〒150-0013　東京都渋谷区恵比寿3-7-16
(営業) TEL. 03-5798-7257　FAX. 03-5798-7258
http://www.minjiho.com/　info@minjiho.com

■改正法対応！ 緊急かつ必要な実務の知識を簡潔に解説！■

ＤＶ・ストーカー対策の法と実務

弁護士　小島妙子　著

Ａ５判・416頁・定価　本体3,800円＋税

本書の特色と狙い

▶メール送信の禁止や、被害者自ら禁止命令の申立てができるようになった改正ストーカー規制法、2014年1月3日施行の改正ＤＶ防止法、さらには最新の行政機関の通達も踏まえて、困難な案件を抱える実務家に向けて実務の要所を解説！

▶ＤＶ・ストーカー事件発生の背景事情や実態を明らかにするとともに、相談・受任時の留意点、警察の対応変化や裁判所での手続や書式、住民票に関する自治体への手続など、実践的な内容は、Ｑ＆Ａ方式で具体的に解説！

▶ＤＶを原因とする離婚手続、子どもの問題（子の奪い合い紛争・ハーグ条約・面会交流・嫡出推定）、生活費の請求など、解決への糸口がつかめる！

▶相談を受けることの多い弁護士、警察関係者、自治体、シェルター（児童相談所）職員に向けて、実務現場で即役立つ支援活動の第一線に立つ人のための仕様！

本書の主要内容

はじめに──改正法の概要
1　改正ストーカー規制法の概要
2　改正ＤＶ防止法の概要
3　今後の課題

第1章　ＤＶ・ストーカーの基礎知識
ＤＶとは何か
ＤＶのメカニズム
ＤＶ当事者の「関係性」に応じた支援の必要性
国家による家族における暴力への介入
ＤＶ・ストーカー被害の実態と法的救済の現状
ＤＶ防止法による法対策　　　　　　　　ほか

第2章　ＤＶ・ストーカー事案の実務〔実践編〕
ＤＶ・ストーカー相談を受ける際の留意点は？
保護命令の手続の流れは？
別居中の生活費を確保するにはどうすればよいか。
婚姻費用分担額の具体的な算定方法は？
ＤＶと子の奪い合い紛争
養育費を請求する手続は？
財産分与を請求する手続は？
離婚慰藉料を請求するには？
離婚訴訟におけるＤＶ被害者保護の手段は？
外国人被害者の場合の留意点は　　ほか《全29問》

発行　民事法研究会

〒150-0013　東京都渋谷区恵比寿3-7-16
（営業）TEL. 03-5798-7257　FAX. 03-5798-7258
http://www.minjiho.com/　　info@minjiho.com

■障害年金制度の利用支援に向けた手引書！

法律家のための障害年金実務ハンドブック

日弁連高齢者・障害者権利支援センター 編

A5判・388頁・定価 本体3,800円＋税

▷▷▷▷▷▷▷▷▷▷▷▷▷▷▷▷▷▷▷ 本書の特色と狙い ◁◁◁◁◁◁◁◁◁◁◁◁◁◁◁◁◁◁◁

- ▶年金給付のために不可欠な関係法令・判例の解説はもちろん、実務上の留意点や必要関係書類の収集方法等までを解説！
- ▶年金給付を受けるための相談から審査請求、行政訴訟までを網羅！
- ▶障害年金制度を理解することで、各種事故などで相談に来た相談者に対し、障害年金給付の可能性についても提示できる！
- ▶図表を豊富に設けてわかりやすく解説しており、これから障害年金分野に取り組んでいく方に必携の書！

本書の主要内容

第1章　はじめに
第2章　障害年金制度の概要
　Ⅰ　公的年金とは
　Ⅱ　障害年金制度のしくみ
　Ⅲ　年金を受け取るための要件──受給3要件
　Ⅳ　障害認定日請求とは
　Ⅴ　事後重症による請求とは
　Ⅵ　基準障害による請求
　Ⅶ　障害年金に関する法令の構造
第3章　初診日
　Ⅰ　初診日とは
　Ⅱ　初診日の特定
　Ⅲ　初診日の証明
第4章　保険料納付要件
　Ⅰ　保険料納付要件とは
　Ⅱ　保険料納付済期間等
　Ⅲ　直近1年要件
第5章　障害状態の認定と基準
　Ⅰ　障害程度（状態）の認定
　Ⅱ　障害別の認定
　Ⅲ　併合──条文上規定されたもの
　Ⅳ　障害認定基準の課題
第6章　請求手続の流れの概要
　Ⅰ　申請（裁定請求）と受理
　　──申請の方法と申請にあたっての留意点

　Ⅱ　審査手続
　Ⅲ　年金支給裁定
　Ⅳ　審査請求
　Ⅴ　再審査請求
　Ⅵ　障害年金と2016年の改正行審法施行
　Ⅶ　訴訟、仮の義務付け申立て等
　Ⅷ　受給後の手続
第7章　障害年金実務における必読のQ＆A
　Ⅰ　納付要件
　Ⅱ　診断書
　Ⅲ　請求の仕方
　Ⅳ　請求の内容など
　Ⅴ　その他
第8章　障害年金に関する裁決例
　Ⅰ　厚労省からの裁決例の入手
　Ⅱ　行政文書の開示請求による裁決書の入手
　Ⅲ　書籍による裁決例の入手
第9章　障害年金に関する裁判例
　Ⅰ　初診日
　Ⅱ　障害の程度の認定(1)
　Ⅲ　障害の程度の認定(2)──診断書がない場合
　Ⅳ　信義則違反
　Ⅴ　その他

発行　民事法研究会

〒150-0013　東京都渋谷区恵比寿3-7-16
（営業）TEL. 03-5798-7257　FAX. 03-5798-7258
http://www.minjiho.com/　info@minjiho.com

■遺産承継業務の経験と研究を踏まえ、具体的な実務指針を示す！

遺産承継の実務と書式

一般社団法人日本財産管理協会　編
猪狩佳亮／石橋孝之／金山東完／藤井里絵／古谷理博

Ａ５判・216頁・定価　本体2,500円＋税

▷▷▷▷▷▷▷▷▷▷▷▷▷▷▷▷ **本書の特色と狙い** ◁◁◁◁◁◁◁◁◁◁◁◁◁◁◁◁

▶相続人との委任契約に基づく遺産承継の実務指針を示すとともに、受任から相続人・相続財産の調査、遺産分割協議、遺産承継手続、終了報告までを、具体的・実践的に解説！

▶遺産承継業務に関する委任契約書・委任状・重要事項説明書・報酬規程、不動産に関する調査に利用できる書類、遺産分割協議に関する書類、預貯金・有価証券の調査や承継手続依頼に関する書類、業務報告に関する書類はもちろん、不在者財産管理人選任・失踪宣告・相続放棄・限定承認などの関連手続に関する書類を多数登載しているので実務に至便！

本書の主要内容

第１章　遺産承継業務の基礎知識
第２章　遺産承継業務の受任にあたって
第３章　委任契約の締結
第４章　相続人・相続財産の調査
第５章　限定承認・相続放棄の申述
第６章　相続開始から遺産分割までの間の遺産変動
第７章　遺産分割協議
第８章　遺産承継手続
第９章　遺産承継業務の報告等

発行　民事法研究会

〒150-0013　東京都渋谷区恵比寿3-7-16
（営業）TEL. 03-5798-7257　FAX. 03-5798-7258
http://www.minjiho.com/　info@minjiho.com

■多くの面会交流調停にかかわってきた経験に裏打ちされたノウハウ！

元家裁調査官が提案する
面会交流はこう交渉する
―事前交渉から調停段階まで ポイントは早期解決と子の福祉の視点―

小泉道子 著

A5判・223頁・定価 本体2,300円＋税

▷▷▷▷▷▷▷▷▷▷▷▷▷▷▷▷▷ **本書の特色と狙い** ◁◁◁◁◁◁◁◁◁◁◁◁◁◁◁◁◁

▶家裁調査官として多くの面会交流調停にかかわってきた著者が、同居親、別居親それぞれの代理人に向けて、子の福祉と早期解決の視点が依頼者の利益につながるとの考えを前提に、面会交流の具体的な案や、拒否事例での交渉・対応などを解説！

▶早期解決のために、別居親の代理人、同居親の代理人が、どのように依頼者から聞き取り、時には子どもと面会し、相手方と交渉・提案すべきか具体的に解説！

▶弁護士はもとより、さまざまな形で面会交流の支援にあたる方々にも有益！

本書の主要内容

第1章　面会交流の今
第2章　早期解決のすすめ
第3章　早期解決のための下準備
　Ⅰ　初期段階における依頼者への情報提供
　Ⅱ　子どもとの面接
　Ⅲ　暫定的・試行的面会交流の実施
第4章　早期解決に導く交渉術
　Ⅰ　協議を前に進める主張
　Ⅱ　説得力のある主張をするための立場別聴取事項
　Ⅲ　具体的聴取例
第5章　子の福祉に即した面会交流を提案するための引き出し
　Ⅰ　特徴別具体的面会交流の引き出し
　Ⅱ　子どもの年齢別引き出し
　Ⅲ　間接的面会交流の引き出し
　Ⅳ　そのほかのちょっとした引き出し
第6章　拒否事例に学ぶ早期解決のための交渉術1
　　　　――同居親の拒否――
　Ⅰ　合理的理由のない拒否
　Ⅱ　別居親の問題行動を理由にする拒否
　Ⅲ　子どもの事情を理由にする拒否
　Ⅳ　その他
第7章　拒否事例に学ぶ早期解決のための交渉術2
　　　　――子どもの拒否――
　Ⅰ　別居親が原因の拒否
　Ⅱ　父母の紛争に関連した拒否
　Ⅲ　その他
第8章　家庭裁判所調査官の役割と調査報告書の読み方

発行　民事法研究会

〒150-0013　東京都渋谷区恵比寿3-7-16
（営業）TEL. 03-5798-7257　FAX. 03-5798-7258
http://www.minjiho.com/　info@minjiho.com

信頼と実績の法律実務書

新しい家事調停手続における調停申立書等の書類作成を通じた支援の指針を示す！

離婚調停・遺産分割調停の実務
―書類作成による当事者支援―

日本司法書士会連合会 編　　　　　　　　　　（Ａ５判・486頁・定価 本体4400円＋税）

熟年離婚、内縁関係の解消などさまざまなケースを通して戦略的事件解決の思考と手法が獲得できる！

事例に学ぶ離婚事件入門―紛争解決の思考と実務―

離婚事件研究会 編　　　　　　　　　　　　　（Ａ５判・346頁・定価 本体2800円＋税）

家事事件手続法下での実務動向、年金制度に関する諸般の改正および物価スライド率等に対応！

離婚時年金分割の考え方と実務〔第2版〕

年金分割問題研究会 編　　　　　　　　　　　（Ａ５判・253頁・定価 本体2000円＋税）

ハーグ条約・実施法に基づく国際的な子の返還申立て、面会交流調停申立ての手続・書式を追録！

書式　家事事件の実務〔全訂10版〕
―審判・調停から保全・執行までの書式と理論―

二田伸一郎・小磯 治 著　　　　　　　　　　　（Ａ５判・606頁・定価 本体5200円＋税）

当事者の心理や感情の動きを踏まえた、科学的かつ専門的な調停の技術書！

離婚調停の技術

飯田邦男 著　　　　　　　　　　　　　　　　（Ａ５判・190頁・定価 本体2000円＋税）

面会交流事件を含め、調停の流れ一つひとつに分析を加え、調停担当者の進め方と役割を詳説！

こころをつなぐ離婚調停の実践

飯田邦男 著　　　　　　　　　　　　　　　　（Ａ５判・212頁・定価 本体2100円＋税）

発行 **民事法研究会**
〒150-0013 東京都渋谷区恵比寿3-7-16
（営業）TEL 03-5798-7257　FAX 03-5798-7258
http://www.minjiho.com/　　info@minjiho.com